ein Ullstein Buch

ein Ullstein Buch / Erotica
Nr. 20221
im Verlag Ullstein GmbH,
Frankfurt/M – Berlin – Wien
Titel der amerikanischen
Originalausgabe:
Tantra – The Key to Sexual
Power and Pleasure

Einzig berechtigte Übersetzung
aus dem Amerikanischen
von Ulli Olvedi

Ungekürzte Ausgabe

Umschlagentwurf: Manfred Siegler
unter Verwendung einer
zeitgenössischen Illustration

Printed in Germany 1982
Gesamtherstellung: Ebner Ulm
ISBN 3 548 20221 7

August 1982

CIP-Kurztitelaufnahme
der Deutschen Bibliothek

Thirleby, Ashley:
Das Tantra der Liebe: e. Einf. in d. altind.
Liebeskunst / Ashley Thirleby. [Einzig berecht.
Übers. aus d. Amerikan. von Ulli Olvedi]. –
Ungekürzte Ausg. – Frankfurt/M; Berlin; Wien:
Ullstein, 1982.
(Ullstein-Buch; Nr. 20221: Erotica)
Einheitssacht.: Tantra <dt.>
ISBN 3-548-20221-7
NE: GT

Ashley Thirleby

DAS TANTRA DER LIEBE

Eine Einführung
in die altindische Liebeskunst

ein Ullstein Buch

Inhalt

Tantra – Einheit von Körper und Geist

Rituale für die Frau

Rituale für den Mann

Rituale für das Paar: Die sieben Nächte des Tantra

Besondere Rituale und Erläuterungen zur tantrischen Sexualität

Tantra – Einheit von Körper und Geist

Die Bedeutung der tantrischen Sexualität

Die tantrische Sexualität ist ein uralter Schlüssel zu unvorstellbarer sexueller Freude und psychischer Kraft. Man erlangt sie durch eine Reihe besonderer Rituale, die im »Hinduistischen Ekstase-Kult« praktiziert werden. Dieser Kult ist eine Art »sexuelle Magie«, die einem Lust, Energie und Kontrolle schenkt.

Obwohl es diese Rituale schon seit Jahrtausenden gibt, sind sie in der westlichen Welt so gut wie unbekannt geblieben.

Sie ermöglichen es jedem, der danach strebt, unbeschreibliche Höhen sexueller Lust zu erreichen, während sie gleichzeitig die sexuelle Energie zum kreativen Gebrauch in anderen Lebensbereichen freisetzen.

Erst in jüngster Zeit hat die moderne Psychologie entdeckt, was die tantrischen Meister seit eh und je wußten: daß alle Tiere, einschließlich des Menschen, sich in der sexuellen Begegnung im intensivsten Zustand bewußter und unbewußter Konzentration befinden. Mit seinen Ritualen lehrt Tantra, diese intensive Konzentration auf alle Bereiche des Lebens auszudehnen.

Die Rituale ermöglichen es einem, die sexuelle Freude öfter, länger und lustvoller zu genießen, als man sie je zuvor erlebt hat. Und je häufiger man die sexuelle Kommunikation pflegt, desto schneller und kraftvoller wird sich die sexuelle Energie erneuern.

Das Wort *Tantra* ist ein Sanskritbegriff, der soviel wie das innerste Wesen, der Kern, die Essenz bedeutet. Es ist von dem Verb *tantori,* »weben«, abgeleitet; *Tantra* bedeutet daher das Gewebe oder das Wesentliche.

Von Anfang an wurden die tantrischen Lehren von einer Generation zur nächsten weitergegeben, zunächst in einer ungeschriebenen Form als Rituale selbst und später durch Schriften, die man einfach »Tantras« nannte. Die Tantras wurden in Sanskrit verfaßt und bestehen aus Dialogen zwischen *Shiva,* der Personifikation der männlichen Kraft, und *Shakti,* der Personifikation der weiblichen Kraft. In diesen grundlegenden Texten spricht Shiva über den tantrischen Ursprung des Universums, über die Rituale, Übungen und über die esoterischen Lehren, die unsere stets sich wandelnde sichtbare Welt und das gesamte Universum als »schöpferische Lust« der göttlichen Mutter Kali darstellen; und er erklärt die Notwendigkeit der rituellen Übungen, die zur Verwirklichung der essentiellen Einheit des Selbst, der sichtbaren Welt und der Gottheit führen.

Grundsätzlich hat Tantra die Funktion, uns zu unserem eigenen Ursprung zurückzugeleiten – uns zu helfen, zu unseren eigenen Wurzeln der Identität zu gelangen. Tantra läßt uns »die Wahrheit erfahren, die wir selbst sind«, indem wir uns bestimmten Ritualen unterziehen, die es uns ermöglichen, uns selbst in einer ganz neuen Weise kennenzulernen. Dies geschieht durch äußerste Anstrengung – auf psychischer, intellektueller, emotionaler und sexueller Ebene.

Wenn wir gewisse Wahrheiten über uns selbst aufdecken, erken-

nen wir die Wahrheiten der Welt, des Universums und unserer psychischen Kräfte der Erleuchtung. Das ist nur durch die tantrische *Erfahrung* möglich. Man muß die Geheimnisse und die psychische Magie des Tantra mittels der Praxis der Rituale *erfahren* haben, um sie zu verstehen. Auf intellektueller Ebene allein können sie nicht erfaßt werden.

Tantra lehrt uns, für unsere Entwicklung Energien und Kräfte einzusetzen, die von den meisten Menschen bei der Jagd nach dem Vergnügen vergeudet werden. Was immer man vorher gehört haben mag – das Vergnügen wird mit dem tantrischen Weg nicht etwa ein Ende haben. Im Gegenteil, man wird zu den höchsten Ebenen der Lust gelangen und dann diese ungeheure Energie dazu verwenden können, alle Kräfte zu fördern.

Die Grundideen des Tantra sind in der hinduistischen Schöpfungsgeschichte zu finden, wie sie in den tantrischen Schriften überliefert ist. Darin wird berichtet, daß es »vor dem Universum, vor aller Zeit nur einen einzigen Punkt schöpferischer Kraft gegeben hat. Diese Kraft war weiblich, und aus ihr ging das gesamte Universum hervor. Die Göttin der Zeit stand in der Mitte des Universums, das sie hervorgebracht hatte. Ihre schöpferische Kraft war verbraucht, und es war in ihr ein Gefühl der Leere. Als sich ihre schöpferischen Kräfte erneuert hatten, beschloß sie, noch mehr zu erschaffen, denn allein darin lag all ihre Lust. So schuf sie die Erde, Land und Meere, Pflanzen und Tiere. Sie brachte alle Dinge zum Sein und ordnete sie in einem gleichgewichtigen Verhältnis zueinander, so daß sie sich fortpflanzten und verbreiteten.

Nachdem sie die Schöpfung vollendet hatte, empfand sie große Freude darüber, aber ihre Energie war noch immer nicht erschöpft.

So ersann sie die weibliche Form des Menschen und nahm sie selbst an. Und sie nannte sich selbst *Kali* und teilte sich in zwei, wodurch *Mahakala,* die männliche Form, entstand. Und sie lehrte Mahakala die tantrischen Freuden und die Erneuerung seiner eigenen schöpferischen Kräfte.

Gemeinsam brachten diese Gottheiten des Tantra die ersten Menschen hervor und gaben an sie die tantrischen Rituale weiter, auf daß auch sie des Glückes der vollkommenen Freude und der unbegrenzten Macht über das Universum teilhaftig würden.«

Die Schöpfungsidee liegt allen tantrischen Ritualen zugrunde. Mann und Frau werden als eine einzige Einheit gesehen, so eng vereint und so tief miteinander verbunden, daß sie sich keiner Unterschiede bewußt sind. Mann und Frau sind *eins* in den Augen des Tantra. Und Mann und Frau müssen sich darum bemühen, die transzendentale Erleuchtung zu erlangen, die sie dann innehaben, wenn sie erneut die »Ganzheit« erleben, die sie eins sein läßt. »Denn«, sagt Tantra, »in dieser Ganzheit liegt die höchste Wahrheit, die vollkommene Erleuchtung.« Auf der irdischen Ebene verbinden sich Mann und Frau sexuell im tantrischen Ritual und entwickeln dabei die Kraft, sich spirituell zum kosmischen Ganzen zu erheben, zum Eins-Sein, das sie zurückführt zu der vollkommenen Kraft kosmischer Erleuchtung, die sie innehatten, als sie noch eine Einheit waren, jenseits von aller Zeit miteinander verbunden.

Tantra ermöglicht es uns, diese transzendentale sexuelle Vereinigung mittels der Ritualistik, die in diesem Buch dargelegt ist, zu erleben. Es will eine Übungsform eröffnen, die den Menschen mit der Kraft seiner Sinnlichkeit und sexuellen Energie in Verbindung bringt. Es will ihn von Ich-Fixierungen und Hemmungen befreien. Es will lehren, die ungeheuren sexuellen Energien des Menschen in alle Lebensbereiche zu leiten.

Tantra kennt weder sexuelle Frustration noch Hemmungen. Tantra integriert die Sexualität in die ganze Person. Es gibt dem Körper, dem Geist und den Emotionen die Möglichkeit, zusammenzuarbeiten, um uns die Macht und die Kontrolle über unser Leben und unser spirituelles Wachstum zu verleihen.

Tantra ist frei von der Heuchelei der meisten westlichen und hinduistischen religiösen Systeme, die Erleuchtung und Wahrheit mittels Askese (grundsätzliche sexuelle Selbstverleugnung) anstreben. Tantra geht davon aus, daß der Pfad zur Erleuchtung in erweiterter sexueller Aktivität zu finden ist. Tantra lehrt, daß der *asketische* Weg zur Ganzheit und Wahrheit selbstzerstörerisch sei, ein nutzloser Kampf.

Im Tantra werden alle Fähigkeiten des Menschen – die körperlichen, geistigen und emotionalen – so stark wie möglich angeregt und dann kontrollierbar gemacht, um immer neue Freuden zu ermöglichen. Eine Parabel aus einem der frühesten tantrischen Texte, vor etwa zweitausend Jahren in Sanskrit geschrieben, erzählt von dem einsamen Pilger, der auf der Suche nach *Parasamvit,* der »Höchsten Wahrheit«, allen Freuden den Rücken kehrte. Aber wie weit er auch reiste, wie lange er auch meditierte und fastete, wie vollkommen seine Enthaltsamkeit auch sein mochte und wie unerträglich seine selbstauferlegte Qual – in seiner spirituellen Entwicklung erreichte er niemals diese intensive Konzentration, die es ihm ermöglicht hätte, all seine Energien zum Erkennen der »Höchsten Wahrheit« einzusetzen. Desillusioniert und frustriert von den Jahren unbelohnter Mühe, machte er eines Nachmittags an einem Flußufer Rast. Zu diesem Fluß kam eine tantrische Meisterin, um zu baden und ihren Körper für die kommende Nacht der Lust zu salben. Sie sprach den Pilger an, und nachdem sie seine Geschichte gehört hatte, verführte sie ihn, »indem sie seine Sinne durch die tantrischen Freuden zur Ebene der höchsten Erweckung geleitete, auf der er die Kraft fand, nach der er gesucht hatte. Und er fand sie in dem, was er sich so lange versagt hatte.«

Durch die Rituale der Wahrnehmung lernt man, wie diese sexuelle Energie erzeugt und auf hoher Stufe aufrechterhalten werden kann. Durch die Rituale der Kontrolle lernt man, wie Sinnlichkeit und sexuelle Energie eingesetzt werden, um sexuelle Lust von ungeahnter Intensität zu erzeugen. Durch die Rituale der Kanalisierung lernt man, wie diese sexuelle Energie so gelenkt wird, daß sie die alltäglichen Aktivitäten, den Geist, die Emotionen und den Körper beherrscht. Damit erlangt man die Fähigkeit, die Quelle der schöpferischen Energie anzuzapfen und diese Kreativität zu nutzen, um Probleme zu lösen oder neue Ideen hervorzubringen.

Tantra hat eine Reihe von spezifischen geistigen und körperlichen Ritualen auf der Grundlage einer wohlüberlegten psychologischen Konzeption entwickelt, die dazu dienen, die sexuelle Konzentration zu vertiefen. Auf dieser vertieften Konzentration bauen weitere, komplexere sexuelle Rituale und Techniken auf, die zu verlängerter Lust und Befriedigung führen.

Aber Tantra geht noch weiter. Seine Rituale erzeugen eine

durch und durch sexuelle Lebenseinstellung. Zunächst war ich skeptisch, was den Wert der Prozedur betraf, mich wieder mit meinem Körper vertraut zu machen. Gewiß, die Wahrnehmungsrituale waren angenehm anregend, aber ich bezweifelte, daß sie mir irgend etwas Neues vermitteln würden. Schließlich kannte ich meinen Körper ja recht gut. Doch die zunehmende Erweiterung der Wahrnehmung mittels der Grund-Rituale überzeugte mich bald davon, daß ich tatsächlich andersartige Erfahrungen machte. Es war derselbe Körper, den ich immer gekannt hatte, aber jetzt erfuhr ich ganz Neues über meine Sinne und entsprechend auch über meine Gefühle. Sexuelle Erlebnisse, die ich nie zuvor gekannt hatte, wurden Teil meiner täglichen Freuden. Und durch die tantrischen Rituale wurde ich in die Lage versetzt, meine sexuelle Energie nutzbar zu machen und sie überströmen zu lassen, so daß Lebenskraft und Genuß das Alltagsleben durchdrangen. Durch diese selbsterneuernden tantrischen Rituale wurde meine Existenz mit Selbstvertrauen und innerem Frieden erfüllt.

Um zu erklären, was tantrische Sexualität ist und wie sie wirkt, will ich zuerst beschreiben, was sie *nicht* ist!

Tantra hat wenig mit Yoga zu tun, obwohl bestimmte tantrische Ideen in manche Formen des Yoga aufgenommen wurden. Es gibt zwar einen sogenannten »Tantra-Yoga«, aber Yoga strebt ja danach, Körper und Geist zu befreien, indem sie getrennt werden. Tantra dagegen versucht, sie zu vereinen.

Wie im »Tantra-Yoga« haben tantrische Ideen ihren Weg auch in viele andere Lehren gefunden. Das *Kama Sutra* ist ein gutes Beispiel, ebenso der »Tantrische Buddhismus« *(Vajrayana),* die tibetische Übungen und Teile der tantrischen Mythologie mit buddhistischen Aspekten verbinden.

Tantra ist nicht »meditativ«. Tantra vermeidet nachdrücklich die üblichen Formen der »Meditation«, die als »repressiver, passiver Vorgang« betrachtet wird. Obgleich das tantrische *Yantra* eine Art von geistigem Bild darstellt, ist es eine aktive, *agressive* Form der Konzentration, die einen bestimmten Zweck verfolgt: die Sexualität entweder anzuregen oder sie zu kontrollieren und ihre Energie zu kanalisieren. Es ist weit entfernt von dem passiven »Entleeren und Füllen des Geistes«, das Meditation genannt wird. Doch wird es, weil die Imagination des Yantra mit geschlossenen Augen in einem Zustand tiefer Konzentration vollzogen wird, oft mit Meditation verwechselt. Wie wir jedoch sehen werden, ist es eine andersgeartete Form geistiger Zentrierung.

Tantra sollte also weder mit Yoga, Meditation noch Religion verwechselt werden. Mit anderen Worten: Tantra ist ein Prozeß, der das Individium auf sexuellem Weg erneuert – indem der Geist, der Körper und die Emotionen von allen Hemmungen befreit werden; indem vollkommene Beherrschung der Sexualität entwikkelt wird, die es uns ermöglicht, sexuelle Freuden in einem ungeahnten Maß zu erleben, und indem wir die sexuelle Energie kanalisieren und für alle Lebensbereiche verfügbar machen. Ohne Meditation, ohne Yoga und ohne festgelegte Dogmen einer Religion sind wir in der Lage, mit Hilfe der tantrischen Rituale all das zu erreichen, was Meditation, Yoga und so viele Religionen versprechen – und wir haben während dieses Prozesses bei weitem mehr Vergnügen.

Durch Gebrauch des geistigen Bildes des Yantra, des Klanges des Mantra und der sexuellen Rituale ermöglicht es Tantra, die transzendentale sexuelle Ebene eines kosmischen inneren Orgasmus zu erreichen, die reine männlich-weibliche Sexualität zu erleben – eine Rückkehr zur Essenz des Universums, zur Schöpfung selbst.

Die Kraft der Sexualität ist das Herz des Tantra; allesdurchdringende Sexualität – oft und lange. Und dank der Fähigkeit der Frau zu verlängerter sexueller Aktivität und wiederholtem Orgasmus ist sie – wie im Schöpfungsakt – immer das Zentrum der tantrischen Lehre gewesen. In den frühesten tantrischen Texten war es die Frau, die in die Rituale einführte. Alle organisierten tantrischen Gruppen wurden von Frauen geleitet. Im Laufe der Jahre, als ein großer Teil der tantrischen Literatur von Männern geschrieben wurde – gereinigt vom Geist gelehrter Brahmanen und anderen –, wurden die Rollen vertauscht. Doch sind im reinsten Sinn tantrischer Sexualität Mann und Frau nicht nur gleich, sondern sie sind *eins*. Sie können einander belehren oder gemeinsam lernen.

Es gibt noch viele andere Aspekte des Tantra, genug, um die ungezählten Bücher zu füllen, die darüber geschrieben wurden –

Bücher, die sich nicht nur mit den originalen tantrischen Texten befassen, sondern auch die Einflüsse des Tantra auf Yoga, den Buddhismus und andere Philosophien.

Dieses Buch bezieht sich in erster Linie auf die einfachste und reinste Form der tantrischen Sexualität, das heißt auf die grundlegenden körperlichen, geistigen, psychischen und sexuellen Rituale.

Den Ritualen liegen andere Forschungen und Erfahrungen auf dem Gebiet tantrischer Studien zugrunde. Sie sind in modernen Sprachgebrauch übersetzt, wobei ein großer Teil der Sprache östlicher Mystik beiseite gelassen wurde.

Es gibt getrennte Teile für weibliche und männliche Rituale, die unabhängig vom Partner vollzogen werden. Diese Rituale allein lehren schon alles Nötige im Hinblick auf Wahrnehmung, Kontrolle und Kanalisierung.

Das Buch führt dann weiter zum Teil der Rituale für Paare, »Die sieben Nächte des Tantra«. Obwohl die Rituale der sieben Nächte für heterosexuelle Paare geschrieben wurden, können sie ebensogut auch von homosexuellen Paaren verwendet werden.

Die Rituale beinhalten die Tendenz, Lust zu vermitteln, denn Tantra ist immer positiv in seiner Methodik. Der tantrische Weg wird ebensoviel Freude bereiten wie das Erreichen seines Ziels. Dieser ritualistische Weg zu sexueller Lust und Erfüllung liefert einen immer weiter anwachsenden Fluß sexueller Energie, die jedem Verlangen im Leben zur Befriedigung verhilft.

Mit den Worten des Tantra-Meisters: »Mögest du von mir sinnliche Wahrnehmung, sexuelle Ekstase und die Kraft des Lebens empfangen.«

Das Mantra

Ein *Mantra* ist ein besonderer Laut ohne Wortsinn, der in tantrischen Ritualen verwendet wird, um geistige Bilder, Gefühle oder Kontrolle zu bewirken. Es ist ein vitaler Teil des Konditionierungsprozesses der Rituale.

Der klassische mantrische Laut ist OM – der »Klang der Erleuchtung«. Die frühesten Tantriker waren sich bewußt, daß selbst die schwersten und dichtesten Objekte in unserer physischen Welt in Wirklichkeit »schwingende Substanzen« waren (die Bewegung der Atome und Moleküle). In ähnlicher Weise basiert die Struktur aller Lebensformen auf einem »Schwingungsrhythmus«.

Das Mantra stimmt den Geist in die Schwingungen der Körper – *Chakras* – ein, der natürlichen Pforten, durch die jegliche psychische Energie fließt. Der mantrische Laut kann Körper, Geist und Gefühl so konditionieren, daß sie unwillkürlich reagieren, und er kann selbst die fundamentalsten Emotionen, Gedankenmuster und Körperfunktionen ansprechen.

Die Mantras werden in Verbindung mit den Yantras, den geistigen Vorstellungsbildern, verwendet. Sie werden während der tantrischen Rituale gesungen oder geflüstert oder stumm wiederholt. Sie können auch »geschrieben« mit dem Yantra-Bild visualisiert werden. Die »Konditionierung« bedient sich auf diese Weise der Sinne des Sehens wie des Hörens.

Konditionierung bedeutet, einen natürlichen, unkonditionierten Reiz mit einem zusätzlichen konditionierten Reiz zu verknüpfen.

Wenn man also bewußt die Mantras zusammen mit den körperlichen Stimuli und Kontrollmethoden übt, erzeugt man einen »Auslösemechanismus«, der eine unbewußte Reaktion verursacht. In moderner psychologischer Terminologie würde man sagen, daß die Rolle der Mantras im tantrischen Ritual die ist, sexuelle Energie zu konditionieren, damit man sie dann kontrollieren kann.

Obwohl tantrische Mantras keinen Wortsinn haben, halten sie sich doch an eine spezifische Form; im allgemeinen enden sie mit einem nasalen Klang, mit »-OM« oder »-AHM«.

Die tantrischen Meister lehren, daß der Klang der Mantras Energiefelder erzeugt, wobei Schwingungsmuster entstehen, die kontrolliert werden können.

Dir Rituale, die in diesem Buch dargestellt werden, sind mit drei Mantras verbunden:

Das Mantra der Wahrnehmung
Das Mantra der Kontrolle
Das Mantra der Kanalisierung.

Jedes wird zu Beginn eines entsprechenden Rituals vorgestellt.

Sie sollten nur in Verbindung mit den Ritualen gebraucht werden, zu denen sie gehören.

Das Yantra

Der Mensch hätte es schwer, ohne die wunderbaren Möglichkeiten, die ihm seine Einbildungskraft gibt, zu überleben. Das tantrische Ritual ist ganz besonders auf den kontrollierten Gebrauch der Einbildungskraft angewiesen.

In den alten Schriften des Tantra sind viele Yantras als symbolische Bildwerke dargestellt. Sie sollen die Konzentration auf bestimmte mentale Bilder richten, um eine Anregung oder Kontrolle der Sinne hervorzurufen.

Doch wichtiger als die Ikonen und Bildwerke ist die eigene Einbildungskraft des Menschen, der sich mit ihrer Hilfe eigene geistige Bilder schafft. Bei der Wahrnehmungsübung ist es das Bild des Yantra, das die sexuelle Erregung verursacht. Allein durch die Projizierung des Yantra-Bildes auf die Leinwand unseres Geistes und der Anwendung des mantrischen Lautes der Wahrnehmung können viele Tantriker sich selbst bis zum Punkt des Orgasmus bringen und dann den Orgasmus kontrollieren – so wird eine außerordentlich hohe Ebene sexueller Energie aufrechterhalten –, ohne daß sie irgendwelche körperliche Stimulierungen benötigen.

Die Kontrolle der Stimulierung – genauer: Kontrolle des Orgasmus – wird durch den Klang des Kontroll-Mantras in Verbindung mit dem Kontroll-Yantra erreicht. Diese rein geistige Stimulierung wird »abgestellt«, indem man das Wort des Mantra auf die schwarze Leinwand seines Geistes »schreibt« und sich auf diese Projektion konzentriert.

Das Yantra der Kanalisierung, das zusammen mit dem Mantra der Kanalisierung verwendet wird, ermöglicht es uns, die Kraft der sexuellen Energie in andere Lebensbereiche zu lenken: um Probleme zu lösen, Kreativität zu fördern oder um Spannungen und Ängste zu beseitigen.

Die Ein-Stunden-Regel

Die folgenden Rituale sind ganz und gar sexuell orientiert. Im Tantra werden weder sexueller Verkehr noch Masturbation abgelehnt. Der grundlegende Schlüssel zur tantrischen Sexualität ist jedoch die kontrollierte Lust. Man muß immer wieder die Kontrolle üben, um die Ebenen der Lust erreichen zu können, die das Tantra zu bieten hat. Schon die frühesten Tantriker wußten um die Schwierigkeit, sich davon zurückzuhalten, jedes Ritual zu seinem logischen, ersehnten Abschluß zu bringen – zum Orgasmus. Tantrische Texte berichten von vielen Eingeweihten, die wiederholt dem Verlangen nach sexueller Befriedigung nachgaben, bevor sie so weit kamen, daß sie die Rituale präzise ausführen und höhere Ebenen der Lust erreichen konnten.

Wenn man mit den Ritualen beginnt, so wird man feststellen, daß sie schnell einen sexuell äußerst erregten Zustand hervorrufen. Mit jedem weiteren neuen Ritual wird der Reiz intensiver werden. Und durch diese Intensität wird größere sexuelle Energie erzeugt. Diese *Energie* ist es, die verwendet wird, um zu ungeahnten Freuden und Kräften zu gelangen.

Weil die Kontrolle über die sexuelle Energie so wichtig ist, wurde die Ein-Stunden-Regel aufgestellt.

DIE REGEL

Eine Stunde vor oder nach jedem tantrischen Ritual sollte man sich weder selbst befriedigen, noch sexuellen Verkehr haben.

Die Regel ist einfach und einleuchtend. Um der ganzen Fülle an Lust und Kraft, die das Tantra mit sich bringt, teilhaftig zu werden, muß sie unbedingt beachtet werden.

DIE HÄNDE

Tantriker legen besonderen Nachdruck auf die Pflege der Hände, »die Berührungsinstrumente, die Lust spenden«. Die Rituale verlangen oft den spezifischen Gebrauch des Daumen und des Zeigefingers sowohl der rechten als auch der linken Hand. Tantrische Texte weisen den Tantriker an, die Nägel des Daumen und Zeigefingers so kurz wie möglich zu schneiden, um Schmerzen und Hautreizungen zu vermeiden.

Die Nägel sollten kurz genug geschnitten sein, um Daumen und Zeigefinger »eine weich gerundete Kuppe – eine Basis für die Lust der Berührung« zu geben. Viele Tantriker erkennen einander auch tatsächlich an den besonders manikürten Nägeln von Daumen und Zeigefingern.

DIE GENITALIEN

Tantrische Texte sprechen ausführlich von der Pflege und Sauberkeit der Genitalien. Die hygienischen Gründe dafür sind ebenso offensichtlich wie die ästhetischen. Aber es ist auch noch von einem anderen Grund die Rede: Der Gebrauch eines feuchten, warmen Lappens zur Reinigung der Genitalien ist eine weitere wirksame Methode, um die Wahrnehmung der eigenen Sexualität zu entwikkeln. Die Logik wird klarer, nachdem man mehr Erfahrung mit den Wahrnehmungs-Ritualen hat. Viele Tantriker machen ihre Reinigung zu einem Ritual. Ein Bidet ist zum Beispiel dafür sehr geeignet. Aber auch ohne diese Bequemlichkeit ist ein sorgfältig geplantes Programm für die genitale Reinlichkeit notwendig.

DAS LICHT

»Tantra verabscheut die Dunkelheit.«

Alle tantrischen Rituale sollten bei Licht praktiziert werden – nie in der Dunkelheit.

Die tantrischen Rituale sind so geartet, daß sie alle Sinne stimulieren, auch die visuellen.

Empfehlungen für die Beleuchtung sind in der Einleitung zu den Paar-Ritualen, »Die sieben Nächte des Tantra«, enthalten.

ERNÄHRUNG

Tantra legt kein besonderes Gewicht auf eine bestimmte Ernährung, außer daß es empfiehlt, sich an *den* Nahrungsmitteln zu erfreuen, die im allgemeinen in den oberen Kasten der Hindu-Gesellschaft verboten sind: Fleisch, Alkohol, Fisch und Getreide. Tantra geht davon aus, daß jeder die Freiheit hat, sich auf alle Aktivitäten des Lebens einzulassen, und daß man tun sollte, was möglich ist, um alle Sinne bis zum höchsten Grade anzuregen. Anregung wird vom Tantra als eine ganz und gar individuelle Angelegenheit betrachtet.

EINVERSTÄNDNIS UND HINGABE

Der Tantriker erreicht das Epizentrum der Erleuchtung nur nach dem ritualistischen Aufstieg.

Tantra verbietet, daß von einem Tantriker irgendeine Tat begangen wird, die gegen die menschlichen Rechte eines anderen verstößt. Ein tantrischer Meister wird nicht einmal versuchen, einen Nicht-Tantriker zu *überreden,* sich tantrischen Ritualen zu unterziehen.

Das Einverständnis muß von innen kommen. Niemand soll zu tantrischem Denken oder tantrischen Aktivitäten bekehrt werden.

Wenn man sich auf den Weg der Rituale begibt, muß das mit dem Einverständnis des ganzen Wesens, mit voller Hingabe geschehen.

DIE BEDEUTUNG DER »LIEBE«

In den meisten Sprachen und besonders im Deutschen ist das Wort »Liebe« nur sehr schwer zu definieren.

Im tantrischen Sinn jedoch ist die Bedeutung des Wortes ganz klar. Denn Tantra ist frei von Hemmungen, es gibt keine neurotischen Knoten, um romantische oder soziale Beiklänge in den Gebrauch eines einfachen Wortes hineinzuflechten.

Tantra bedeutet innerstes Wesen, Essenz.

Liebe im tantrischen Sinne bedeutet einfach: »Ich erkenne und akzeptiere dein innerstes Wesen.«

Über die Rituale

Die Kraft, so sagt das Tantra, entspringt dem angesammelten Wissen, das sich auf Erfahrung gründet, man beginnt mit den einfachsten Ritualen und fährt bis zu den schwierigsten fort, ohne die einfachen Grundlagen zu vergessen.

Einige der Rituale, vor allem diejenigen der Wahrnehmungsübung, sind trügerisch einfach. Aber sie dürfen nicht übergangen werden. Wahrnehmung ist der wichtigste Teil der tantrischen Entwicklung.

Jeder Teil eines jeden Rituals muß so geübt werden, wie es auf den folgenden Seiten beschrieben ist. Es mag am Anfang unklar sein, warum bestimmte Anweisungen notwendig sind, und ihre Bedeutung wird wohl auch niemals ganz »logisch« sein. Aber jede Anweisung ist ein integraler Teil des tantrischen Rituals.

Die Übungen bilden eine konsequente Folge: *Wahrnehmung* und sexuelle Lust; sexuelle Kontrolle; und die *Kanalisierung der sexuellen Kraft.* Jeder Tantra-Schüler erreicht die Ebenen der Vervollkommnung in unterschiedlicher Geschwindigkeit, je nach der

Intensität der Praxis. Manche sind mit der Entwicklung der Wahrnehmung, des erhöhten sexuellen Vergnügens und der Kontrolle zufrieden; andere ringen um die höchste Fähigkeit, ihre sexuelle Erregung, Kraft und Konzentration in ihr Alltagsleben, in ihre Entscheidungen und in ihre kreativen Prozesse zu lenken. Jeder sollte sich sein eigenes Ziel setzen.

Bevor man mit den Ritualen beginnt, sollte dieses Buch ganz gelesen werden, erst dann kann man wissen, wie weit man sich mit dem Tantra einlassen möchte. Abgesehen von den offensichtlichen körperlichen Unterschieden enthalten die Allein-Rituale für den Mann und die Frau weitgehend dieselben Informationen.

Will man sich nur mit den allein zu übenden Ritualen befassen, führen sie zu einer völlig neuen Wahrnehmung der eigenen Sinnlichkeit und Sexualität. Zugleich lernt man, wie man die sexuellen Kräfte durch die Kontrolle stärken und die sexuelle Energie in andere Lebensbereiche kanalisieren kann.

Beherrscht man erst einmal die Allein-Rituale, kann man zu den Paar-Ritualen übergehen. Dies verlangt das Einverständnis und das Engagement sowohl von einem selbst als auch von dem Partner, der ebenfalls die Allein-Rituale beherrschen sollte. Es wird eine Woche oder länger dauern, um die Allein-Rituale zu beherrschen, je nach Zeit und Mühe, die darauf verwendet wird. Die Allein-Rituale sollen auch weiterhin, nachdem man zu den Paar-Ritualen übergegangen ist, geübt werden; genaugenommen sollte man die Rituale sein Leben lang üben.

Die Paar-Rituale werden »Die sieben Nächte des Tantra« genannt. Nach Möglichkeit sollten diese Rituale an sieben aufeinanderfolgenden Nächten praktiziert werden.

Man sollte sie in jedem Fall in kurzer Folge durchführen, etwa zwei Wochen lang in jeder zweiten Nacht. Und es ist nötig, sie in der beschriebenen Ordnung zu vollziehen.

Man wird feststellen, daß die sexuelle Energie mit der Praxis der Wahrnehmungs-Rituale außerordentlich zunimmt. Die Kontrolle der sexuellen Energie wird mit jeder Wiederholung des Kontroll-Rituals wachsen. Und man gewinnt mehr Selbstvertrauen, Ruhe und umfassende Kraft, je öfter man die Kanalisierungs-Rituale übt.

Rituale für die Frau

Das Mantra der Wahrnehmung

Die Laute: OMMM. AHDI. OMMM.

Lerne und verwende sie nur in Verbindung mit diesen Ritualen. Sie können kaum hörbar gesprochen, im stillen wiederholt oder laut gesungen werden. Das Yantra der eigenen Vorstellung sollte das Mantra immer begleiten.

Erweckung

Am Anfang, als die Göttin der Zeit, Kali, weibliche Form annahm, war diese neu für sie. Sie war nun nicht mehr nur eine schöpferische Kraft, die Energie aus sich verströmte, um stets von neuem zu erschaffen. Sie verlieh sich Sinnlichkeit und Sexualität, und sie fand ihre Lust in der Entdeckung ihres neuen Selbst.

Wir alle kennen unseren Körper, doch im tagtäglichen Leben mißachten wir seine große Sinnlichkeit. Das Tantra beginnt damit, uns zu lehren, wie wir unseren Körper in tantrischer Weise neu kennenlernen können, das heißt in einer intimeren, ungehemmteren sinnlichen Weise.

Man stellt sich nackt vor einen großen Spiegel und konzentriert sich auf sein Spiegelbild. Zuerst werden die Lippen betrachtet, dann berührt man sie leicht mit den Zeigefingern, wobei die Finger ihre Konturen nachzeichnen. Man spürt, wie die Lippen beben und auf die Berührung antworten, als wären es die Finger eines anderen, die diese Empfindung hervorrufen.

Nun berührt man mit der linken Hand die rechte Brust. Dabei konzentriert man sich auf die Form der Brust und der Brustwarzen und übt genügend Druck aus, um eine angenehme Empfindung hervorzurufen. So erfährt man die Sensibilität der Brust. Die Brustwarze versteift sich, wenn man mit dem Streicheln fortfährt. Dabei wird zweimal das Wahrnehmungs-Mantra mit hörbarem Flüstern wiederholt. Dann wird die linke Brust sanft mit der rechten Hand stimuliert, und das Wahrnehmungs-Mantra wird zweimal wiederholt. Das Aussprechen des Mantra intensiviert die sanfte Lust des Berührens oder Knetens der Brust und der Brustwarze. Jetzt werden die Hände verschränkt, und man läßt sie etwas unterhalb des Nabels ruhen. Wieder wird das Wahrnehmungs-Mantra gesprochen, die Hände werden gelöst und man streicht mit den Fingern und Handflächen über den Bauch hinunter zum Schamhaar, zur Vagina und übt gerade so viel Druck aus, daß man das warme Gefühl einer Liebkosung hat.

Während die Hände sanft auf die Schamlippen gedrückt werden, wird zweimal das Wahrnehmungs-Mantra wiederholt. Schließlich läßt man beide Hände an den Körperseiten ruhen.

Das ist die erste Phase des Rituals.

Dann schließt man die Augen und konzentriert sich auf den Körper, bis man im Geist eine klare Wiedergabe des eigenen Spiegelbildes (Yantra) vor sich sieht. Wenn man Schwierigkeiten

hat, das Bild entstehen zu lassen, sollte man die Augen öffnen und einen langen Blick auf seinen Körper werfen. Die Lippen, Brüste und die Vagina werden noch einmal berührt. Das Wiederholen der Berührung wird helfen, das Bild im Geist zu festigen.

Das Ritual wird mit geschlossenen Augen wiederholt. Man hebt die Finger wieder an die Lippen und konzentriert sich auf die Erregung, wobei man sich vorstellt, daß die Lippen sanft von Händen des Partners berührt werden. Das Wahrnehmungs-Mantra wird im stillen wiederholt, während die Finger die Lippen nachzeichnen.

Dann mit geschlossenen Augen und dem Vorstellungsbild, daß die Hände jemand anderem gehören, die Brust kneten und die Lust steigern. Man bleibt bei der Vorstellung der Hände als zu einer anderen Person gehörig, wenn sie sich nach unten bewegen und gegen die Vagina drücken.

Behalten Sie während jedem Schritt des Rituals das Yantra der Hände eines anderen im Geist und wiederholen Sie zweimal das Wahrnehmungs-Mantra. Wiederholen Sie jetzt das Ritual noch einmal mit geschlossenen Augen, diesmal jedoch mit dem Vorstellungsbild, daß die beiden Hände die eigenen sind, die Lippen, Brüste und die Vagina, die berührt werden, jedoch jemand anderem gehören. Man stellt sich vor, daß die Fingerspitzen die Umrisse der Lippen, der Brüste und Brustwarzen einer anderen Person fühlen, auch das weiche Schamhaar, durch die die Finger und die Handflächen streichen, und die Lippen der Vagina, so, als würde man sanft die Bereiche eines anderen Körpers erforschen. Wiederholen Sie das Wahrnehmungs-Mantra immer wieder während des Rituals.

Dieses einfache Ritual ist sowohl angenehm als auch entspannend, es sollte das erste sein, das morgens vorgenommen wird. Es regt den Körper zu sinnlicher Lebendigkeit an und wird einem für den Tag positive Energie geben. Am Abend beruhigt es und löst die Spannung des Tages auf.

Es sollte zweimal täglich ausgeführt werden.

Yantrische Wahrnehmung

Es wird berichtet, daß der Schüler die tantrische Meisterin fragte: »Wo liegt das Zentrum meiner Lust? Ich fühle sie in allen Teilen meines Wesens. Doch wie das Universum, so muß auch ich ein Zentrum haben. Ist das nicht so?«

Und die tantrische Meisterin legte ihre Kleider ab und sagte zu dem Schüler: »Sieh meinen Körper an, als hättest du deinen eigenen vor Augen. Erkenne, daß der Körper eins ist mit dem Universum und daß das Zentrum aller Freuden sich in keinem physischen Teil befindet. Das Zentrum ist der Geist. Unsere Lust ist das, was der Geist als lustvoll erfährt.«

Im Ablauf der alltäglichen Aktivitäten sollte man wenigstens einmal am Tage eine Pause machen (wenn möglich, zwei- oder dreimal) und mit fest geschlossenen Augen das Wahrnehmungs-Mantra wiederholen. Versuchen Sie, sich das Spiegelbild Ihres Körpers genau in Erinnerung zu rufen. Ohne daß man sich tatsächlich berührt, sollte man alle Kraft der Konzentration einsetzen, um die Bilder und Empfindungen hervorzurufen, die man erfahren hat, als man seinen Körper berührte und sich vorstellte, daß man von anderen Händen berührt wurde und selbst einen anderen Körper berührte.

Wenn man diese Rituale täglich übt, hat man bald die Fähigkeit, das Yantra-Bild und die damit verbundenen Empfindungen hervorzurufen, indem man nur die Augen fest schließt und das Wahrnehmungs-Mantra wiederholt.

Der yantrische Körper

Kali gab der Frau eine umfassende Sexualität, die Gabe, über unendlich wiederholbare Lust zu verfügen. Damit schenkte Kali der Frau die Fähigkeit, alle Teile ihres Körpers zum Zwecke ihrer eigenen Lust und der Lust ihres Partners zu kontrollieren. »Weibliche Lust ist der Sitz aller Lust«, sagen die tantrischen Meister. »Wenn die Frau die Fähigkeit ihres Körpers entwickelt, Lust zu erzeugen, so wird sie damit die Fähigkeit erlangen, Lust zu spenden.« Dies ist ein Ritual der Yantra-Imagination, jedoch verbunden mit körperlicher Muskelkontrolle. Es kann jederzeit und überall praktiziert werden. Zuerst das Bild: das Innere der Vagina wird sich als ein Korridor innerhalb der Muskelwände vorgestellt. Ohne irgendeinen Körperteil zu berühren – schließt man die Augen und konzentriert sich auf dieses Yantra, während das Wahrnehmungs-Mantra wiederholt wird.

Wenn das Yantra gefestigt ist, werden die Muskeln der Vagina fest angespannt. Das Wahrnehmungs-Mantra wiederholen, und jedesmal, wenn man die Muskeln anspannt, stellt man sich die Kontraktion jedes einzelnen Muskels vor. Das Mantra sprechen und dabei die Muskeln angespannt lassen, erst dann entspannen.

Dieses Ritual kann so oft wiederholt werden, wie man will, und es kann überall praktiziert werden, sobald man das Vorstellungsbild beherrscht.

Das Ritual selbst ist erregend, und nach und nach wird einem der komplizierte Aufbau der Vagina bewußt werden. Die vaginalen Muskeln werden konditioniert, und man erhält die Fähigkeit, die Anspannung eines jeden Muskelbereiches wahrzunehmen. Das Yantra kann verfeinert werden, wenn man sich die vaginalen Muskeln vorstellt, sobald man sich ihrer bewußt geworden ist.

Sammlung der Konzentration

Im Tantra gibt es keine Anbetung von Gottheiten als solchen. Kali und Mahakala werden »Gottheiten« genannt, doch finden sich im Tantra eindeutige Bemerkungen im Hinblick auf sie:

»Kali, die Göttin der Zeit, existiert nicht als eine Personifikation, die angebetet werden kann. Wir bauen ihr keine Tempel, stellen kein Bild von ihr auf. Denn sie befindet sich im Zentrum aller Freuden; sie ist im Zentrum aller Yantras; sie ist das Zentrum aller schöpferischen Energie. Doch kann sie in allen Frauen erlebt werden, da sie nicht getrennt von ihnen existiert.«

Aufgrund dieser tantrischen Lehre haben alle tantrischen Meister die Anweisung, »dem Schüler die Unterweisung in der Form von Vergnügen vorzunehmen, wie es Kali bei Mahakala tat, da der Aufstieg zur höchsten Wahrheit und Erleuchtung mit anwachsender Lust auf jeder neuen Stufe, die man erreicht hat, verbunden ist«.

Das folgende Ritual sollte allein auf einem Bett vollzogen werden, vorzugsweise bei Nacht. Obwohl es sexuell außerordentlich erregend ist, sollte es nicht zur Masturbation oder als Vorspiel zum sexuellen Akt benützt werden. Wir haben es hier zum ersten Mal mit der tantrischen Ein-Stunden-Regel zu tun.

Die Frau legt sich völlig nackt auf den Rücken und zieht die Beine in eine bequeme Lage hoch, wobei die Füße nebeneinander bleiben. Die Knie gleiten langsam auseinander, und die Fußsohlen werden gegeneinandergepreßt. Die Sohlen des rechten und linken Fußes sollten während des ganzen Rituals in Berührung bleiben. In dieser Haltung die Hände locker gefaltet über den Nabel legen.

Wieder stellt man sich vor, daß der eigene Körper der einer anderen ist und konzentriert sich mit geschlossenen Augen auf dieses Yantra-Bild, während man das Wahrnehmungs-Mantra spricht.

Mit dem Zeigefinger jeder Hand fährt man langsam über den Mund. Während man sich vorstellt, was man tut, wiederholt man zweimal das Mantra und streicht sich dabei sanft mit den Zeigefingern über die Lippen, von einer Seite zur anderen. Die Hände werden dann wieder locker über dem Bauch gefaltet.

Als nächstes den Zeigefinger und Daumen jeder Hand an die Basis der linken und rechten Brust legen (linke Hand unter die linke Brust, rechte Hand unter die rechte Brust). Bei jedem Schritt dieser Übung wird das, was man tut, auf die geistige Leinwand projiziert. Mit den Spitzen von Zeigefinger und Daumen nun zu den Brustwarzen hochstreichen. Das Wahrnehmungs-Mantra langsam wiederholen, während die Brustwarzen sanft stimuliert werden, »sie zwischen Daumen und Zeigefinger rollen«. Die Hände wieder auf dem Bauch falten.

Konzentrieren Sie sich wieder ganz auf das Yantra. Dann mit

dem Zeigefinger und Daumen durch das Schamhaar abwärts streichen und die Hände zwischen die Beine die Handflächen zu beiden Seiten der vaginalen Lippen legen. Das Mantra wiederholen, und die Handflächen leicht nach innen bewegen. Die Daumen langsam den Schamlippen nähern und sie öffnen, aber nur so weit, wie es angenehm ist. Die Zeigefinger überkreuzen die Daumen, und die Spitze eines jeden Zeigefingers liegt an der Seite der Klitoris; mit beiden Fingerspitzen etwas Druck ausüben und die Klitoris sanft stimulieren. Während das Mantra wiederholt wird, die Vorstellung auf den Bereich konzentrieren, den man berührt.

Wenn Sie das Mantra zweimal wiederholt haben, kehren Sie mit den Händen zum Bauch zurück. In der gleichen Weise wie beim Wahrnehmungs-Ritual sollte nun das geistige Bild des Rituals gefestigt werden. Stellen Sie sich vor, daß andere Hände Ihren Körper liebkosen, dann, daß Sie einen anderen Körper berühren, wobei in der Vorstellung die Hände zu den Lippen, den Brüsten und der Vagina wandern. Versuchen Sie im Geist wieder das gleiche Yantra zu schaffen, das Sie hatten, als Sie Ihren Körper tatsächlich berührten. Nach einer gewissen Zeit ist man in der Lage, die Hände zu »fühlen«, die Lippen, Brüste und Vagina berühren, ohne daß es irgendeines körperlichen Kontaktes bedarf.

Dieses Ritual hat zwei Teile: erstens das tatsächliche Berühren, während man es sich vorstellt und das Mantra spricht; zweitens die Vorstellung von der Berührung, das Zurückrufen der Empfindung, indem nur das Yantra und das Mantra verwendet werden.

Der Schüler wandte sich an die tantrische Meisterin und fragte sie:

»Warum muß ich die Lust im Alleinsein suchen? Ist nicht die größere Lust in den Armen eines anderen zu finden? Ist nicht der Austausch der Lust jener vorzuziehen, die man im Alleinsein findet?«

Und die tantrische Meisterin antwortete:

»Jegliche Lust wird innerhalb deines eigenen Wesens erfahren. Du bist fähig, jegliche Lust, die es gibt, kennenzulernen, indem du deine eigenen Zentren der Sinnlichkeit findest. Durch Stimulierung und Selbstkontrolle kannst du alle Ebenen der Lust erreichen, die du dir in der Imagination deines Yantra vorzustellen vermagst.

Kennst du erst einmal die Zentren deiner Lust, so wirst du eher in der Lage sein, die Lust mit jemand anderem zu teilen. Das ist Tantra: Du mußt durch die Kenntnis deiner selbst und deiner Lust das empfangen, was du bist; denn nur dann kannst du die Lust geben, die du suchst, und die Lust entgegennehmen, die gegeben wird.«

Dieses Ritual ist eine Vertiefung des Konzentrations-Rituals, das mehrere Tage lang geübt werden sollte und beherrscht werden muß, bevor die folgenden Verfeinerungen hinzugefügt werden.

Nachdem die Klitoris sanft stimuliert worden ist, die Finger entspannen und die Schamlippen sich schließen lassen. Die Hände liegen auf der Vagina. Sprechen Sie das Mantra zweimal und lassen Sie dann die Zeigefinger – indem Sie sich das Bild dessen, was Sie tun, wieder vorstellen – nach unten gleiten, bis sie das Perinäum berühren, den kleinen Raum zwischen dem Ende des vaginalen Spaltes und dem Anus. Mit den Spitzen der Zeigefinger gegen das Perinäum drücken, während das Mantra zweimal wiederholt wird. Dann mit den Händen zur Vagina zurückkehren und sie entspannt darauf liegenlassen. Den ersten Teil dieses Rituals wiederholen, indem mit den Daumen die Schamlippen geöffnet werden und die Zeigefinger die Klitoris sanft stimulieren, während das Mantra zweimal wiederholt wird.

Die Hände sollten wieder auf der Vagina ruhen, während sich das Yantra-Bild festigt und das Mantra zweimal wiederholt wird.

Dann gleiten die Zeigefinger wieder abwärts über das Perinäum hinweg und berühren das Rektum. Zweimal das Mantra wiederholen, während gegen den rektalen Muskel gedrückt wird. Danach die Hände entspannt auf die Vagina legen.

Jetzt wird noch einmal die Klitorisübung wiederholt, wobei das Mantra zweimal gesprochen wird. Dann liegen die Hände wieder auf dem Bauch. Nun sollte sich der gesamte Ablauf des Rituals bildhaft vorgestellt werden; mit den Fingern auf den Lippen, Brüsten und der Vagina beginnen, dann folgt eine Ruhepause, dann der Druck der Finger auf das Perinäum, und anschließend auf die Klitoris. Stellen Sie sich dabei vor, daß die Hände einer anderen Person Sie berühren, und konzentrieren Sie sich anschließend darauf, daß Ihre Hände einen anderen Körper berühren.

Jeder Schritt des längeren Rituals sollte sorgfältig und langsam ausgeführt werden. Die Hauptsache ist natürlich die Wahrnehmung – nicht nur Wahrnehmung der sensiblen Teile des Körpers, die berührt und sich vorgestellt werden, sondern ebenso die Wahrnehmung der unmittelbaren erotischen Verbindungslinien in Ihrem Körper.

Dieses Ritual ist äußerst erregend, doch es muß betont werden, daß die Ein-Stunden-Regel eingehalten werden muß. Sie beginnen jetzt, Ihre sexuelle Energie kontrollieren zu lernen.

Körperliche Sammlung der Konzentration

Der Körper ist der Weg zu aller Lust, aber der ganzheitliche, feinstoffliche Körper existiert im Yantra. Er kann nicht getrennt von dem geistigen Bild existieren.

Alle Funktionen des Körpers sind Teil der tantrischen Lehren. Das ist die Grundidee dieses Rituals, einer einfachen Übung, die mit den »Tantra-Worten« an früherer Stelle in Verbindung steht.

Die tantrische Literatur erkennt den doppelten Zweck des genital-urinären Systems an, aber anstatt die Funktionen voneinander zu trennen, verwendet sie den Vorgang des Urinierens und den Gebrauch der genitalen Muskeln dabei als logischen Teil des

Wahrnehmungs-Rituals.

Das Urinieren und das nachfolgende Reinigen des Vaginabereiches – wenn es möglich ist, mit einem feuchtwarmen Lappen – ist ein sinnlicher Akt, der die Wahrnehmungsebene anhebt. Gleichzeitig beseitigt er Hemmungen, die Sie vielleicht hinsichtlich des Akzeptierens Ihrer normalen Körperfunktionen und ihrer Beziehung zur Sexualität haben mögen.

Kontrolle der Lust und der Kraft

Die tantrische Meisterin sprach zu ihren Schülerinnen in folgender Weise:

»Ihr habt die Ebene erreicht, auf der ihr die Freuden versteht, die euer Körper euch durch die Sinne gewährt. Und diese Freuden sind konzentriert und von Yantra und Mantra durchdrungen. Aber eure Lust ist erst am Anfang. Um weitere Höhen der Erregung zu erreichen, müßt ihr lernen, die Sinne der Lust zu kontrollieren. Darin liegen sexuelle Empfindungen, Energien und Kräfte, die über alles hinausgehen, was ihr euch jemals erträumt habt.« Dies ist das einzige *absolut wichtige* Ritual im Tantra. Es ist der Schlüssel zu allem, was erreichbar ist.

DAS KONTROLL-MANTRA

Die Laute: PAHHH. DAHHH. O-MAHMMM.

Es sollte gelernt werden, indem man es innerhalb des Rituals wiederholt.

DAS KONTROLL-RITUAL

Man legt sich auf ein Bett, die Knie gespreizt, die Fußsohlen gegeneinander, und vollzieht das übliche Konzentrations-Ritual, das in das vertiefte Konzentrations-Ritual übergeht.

Am Ende dieser Rituale, nachdem man das Wahrnehmungs-Mantra gesprochen hat, kehrt man mit den Händen wie zuvor zur Vagina zurück. Man nimmt die Daumen, um die Schamlippen zu öffnen, und die Zeigefinger, um gegen die Klitoris zu drücken. Das Wahrnehmungs-Mantra wird gesprochen, während man mit dem rechten Zeigefinger sanft die Klitoris massiert und mit dem Zeigefinger der linken Hand in die vaginale Öffnung eindringt. Behalten Sie das Wahrnehmungs-Mantra im Geist und stellen Sie sich vor, was Sie tun. Machen Sie es so, wie es Ihnen am besten gefällt. Aber vergewissern Sie sich, daß Sie die Grundposition und das Yantra des Akts der Masturbation oder der Situation, von jemand anderem stimuliert zu werden, aufrechterhalten. Naturgemäß werden weitere sexuelle Bilder aufsteigen. Das ist sogar wünschenswert, solange das Wahrnehmungs-Mantra und -Yantra ebenfalls anwesend und Teil der Lust sind. Sobald Sie sich an der Grenze zum Orgasmus fühlen, sollten Sie augenblicklich mit dem Kontroll-Mantra beginnen. Die Hände locker über dem Bauch falten. Trotz großer Erregung muß man sich vor weiterer Masturbation zurückhalten und das Kontroll-Mantra wiederholen (laut, wenn das hilft). Sobald Sie mit dem Kontroll-Mantra beginnen, müssen Sie gleichzeitig das Yantra-Bild ändern. Konzentrieren Sie sich und beschwören Sie in Ihrem Geist eine große schwarze Leere, auf der die Worte des Kontroll-Mantras – PAHHH, DAHHH, O-MAHMMM – geschrieben stehen. Versuchen Sie alle anderen Gedanken und Bilder aus Ihrem Geist zu verbannen. Diese yantrische Konzentration ist sehr wichtig, sie ist, zusammen mit dem Klang des Mantra, der Schlüssel zur Kontrolle.

Wenn man sich um diese Kontrolle bemüht, wird man feststellen, daß man sexuell erregt bleibt, wobei aber die Erregung unter Kontrolle steht.

Bleiben Sie auf dem Bett liegen, bis Sie das Gefühl haben, die vollständige Kontrolle erlangt zu haben. Dann sollten Sie aufstehen und das tun, wozu Sie Lust haben. Nur dürfen Sie vor Ablauf einer Stunde keinesfalls masturbieren oder sexuellen Verkehr haben.

Wenn Sie sich danach wieder mit anderen Dingen beschäftigen, wird Ihr sexueller Trieb sehr stark sein. Sobald Sie das heftige

Bedürfnis nach Masturbation oder Sexualverkehr haben, wiederholen Sie das Kontroll-Mantra und benützen das Yantra-Bild, um die Kontrolle aufrechtzuerhalten.

Wenn Sie nach Ablauf einer Stunde sexuellen Verkehr haben, werden Sie feststellen, daß Ihre sexuelle Energie mit dem Vollzug des Kontroll-Rituals zugenommen hat. Sie werden zu einer höheren Ebene sexueller Erregung und zu größerer, intensiverer Befriedigung gelangen. Genießen Sie die Zunahme der sexuellen Lust; denn jetzt brauchen Sie sich nicht um die tantrische Kontrolle zu kümmern.

Der erste Versuch mit dieser Übung wird der schwierigste sein. Bei jedem folgenden Mal wird man das Kontroll-Ritual als leichter empfinden. Nach einiger Zeit ist man in der Lage, sich näher und näher an den Punkt des Orgasmus heranzuwagen und sich dann mittels der tantrischen Kontrolle zurückzuhalten. Je stärker die Kontrolle wird, desto länger kann man sich stimulieren. Man kann sich dann unbeschränkt an der Grenze zum Orgasmus aufhalten und hat ihn völlig unter Kontrolle. Das ist natürlich erst nach einiger Zeit und bei regelmäßiger Praxis der Wahrnehmungs- und Kontroll-Rituale möglich.

Es taucht die Frage auf, ob dieses Kontroll-Ritual bei Nacht vollzogen werden sollte, als eine Erweiterung der Konzentrations- und der vertieften Konzentrations-Rituale. Die Antwort ist *ja*. So, wie die Wahrnehmungs-Rituale ein Teil der aufzubauenden täglichen Ordnung sind, so muß dieses allerwichtigste Kontroll-Ritual ein Teil des Konditionierungsprozesses sein. Will man Wahrnehmung, Lust und Kontrolle erhöhen, so muß man zuerst die nötige Ordnung der Rituale aufbauen und täglich praktizieren. Eine andere häufige Frage bezieht sich auf die Kontrollübung und die Menstruation. Die Tantra-Texte betrachten die Menstruation als eine ganz normale Funktion eines gesunden Körpers. Die Wahrnehmungs- und Kontroll-Rituale sollten nachts praktiziert werden, auch während der Menstruation.

Nun wird verständlich, daß die Rituale sich zu einer logischen Reihenfolge zusammensetzen und so angeordnet sind, daß sie stufenweise zu erhöhter Lust führen, die man kontrollieren kann.

Das Kontroll-Ritual ist das wichtigste Allein-Ritual des Tantra. Es mag als das schwierigste erscheinen, aber wenn die Anweisungen sorgfältig beachtet und zielstrebig geübt werden, wird man es bald beherrschen können.

Die logische Folge dieses Kontroll-Rituals ist die Kanalisierung der sexuellen Kraft.

Kanalisierung der Kraft und der Energie

Das Tantra erzählt die Geschichte von den »ersten Menschen«, die von Kali und Mahakala erzeugt wurden:

»Am Anfang waren alle Menschen tantrische Meister. Sie vermehrten sich und weihten alle in das Wissen und in die Freuden des Tantra ein. Aber nachfolgende Generationen ließen sich so sehr von den Freuden gefangennehmen, daß sie das Wissen um den Gebrauch ihrer sexuellen Energie für kreative Zwecke verloren.

Jeder Tantriker war ein Meister der Lust und der Kontrolle, womit er die Lust erhöhen konnte. Aber die sich stets erneuernde Kraft und Energie erfüllte sie mit Furcht, denn sie hatten keine Verwendung dafür, außer im Bereich der Lust.

Das Tantra erzählt auch die Geschichte von jener tantrischen Meisterin, die ihre Sensibilität und Lust täglich steigerte, aber keinen Schlüssel fand, um diese große Energie in andere Seinsbereiche zu lenken. Die Suche danach brachte ihr große Unzufriedenheit. Sie wurde unruhig und traurig – selbst inmitten der sinnlichen Freuden, die sie erfuhr.

Dann, eines Nachts, als sie ihren Geliebten in den Armen hielt und ihre Lust von ihm empfing, erbebte ihr Geist, ihre Gefühle und ihr Körper unter der Vision: sie war von der Zweiheit von Kali und Mahakala umhüllt. Sie ließen ihren Körper zu solchen Höhen der Ekstase erglühen, daß die Tantra-Meisterin in einen traumartigen Zustand verfiel, wo sie an der Grenze zum Orgasmus festgehalten wurde, der nicht stattfand, weil Kali wiederholt das Yantra der Kontrolle in ihrem Geist gestaltete, während Mahakala das Mantra der Kontrolle in ihr Ohr flüsterte.

Im straff gespannten Netz von höchster Lust und Kontrolle hängend, hörte sie plötzlich ein neues Mantra von Mahakala, während Kali auf die Schwärze ihres Geistes ein Bild von all jenen Dingen des täglichen Lebens zeichnete, die eine Frau sich wünschte.

Plötzlich waren Kali und Mahakala verschwunden; aber sie hatten dieser tantrischen Meisterin das große Geheimnis des Tantras geschenkt: kontrollierte Kanalisierung.

Sie hatte das verlorene Geheimnis wiedergefunden. Und sie verriet das Geheimnis ihrem Geliebten und all jenen, die es erfahren wollten. Und sie betete zu Kali und Mahakala und gründete erneut den großen Kult der Ekstase, den man Tantra nennt.«

DAS KANALISIERUNGS-MANTRA

Die Laute: AHH, NAHH, YAHH, TAUNNN.

DAS KANALISIERUNGS-RITUAL

Sie haben das nächtliche Ritual der Wahrnehmung aufgebaut, sind weitergegangen zu den Ritualen der Konzentration und der vertieften Konzentration und haben sie bis zum Kontroll-Ritual durchgeführt. Sie sind an die Grenze zum Orgasmus gelangt und haben durch den Gebrauch des Kontroll-Mantra und -Yantra die Kontrolle über ihn bekommen.

Sie liegen wieder in der Ausgangsposition auf dem Bett: nackt, die Knie auseinander, die Fußsohlen aneinander.

Durch das Kontroll-Mantra und -Yantra haben Sie den Punkt erreicht, an dem Sie Kontrolle über sich erlangt haben. Jetzt kann die tantrische Kanalisierung beginnen:

Bleiben Sie in Ihrer Stellung liegen und hören Sie mit dem Kontroll-Mantra und -Yantra auf. Selbstverständlich können Sie sie wieder aufnehmen, wenn das Verlangen nach sexueller Betätigung übermächtig wird.

Lassen Sie nun in Ihrem Geist ein Bild eines Problems entstehen, das Sie belastet hat.

Stellen Sie sich vor, daß Sie ein ernstes Problem zu lösen oder eine wichtige Entscheidung zu treffen haben, oder daß Sie gereizt und nervös waren. Beginnen Sie über das Problem nachzudenken, sobald Sie die Kontrolle erlangt haben. Isolieren Sie es.

Beginnen Sie mit dem Kanalisierungs-Mantra und wiederholen Sie es immer wieder, während Sie die Worte, die das Problem schildern, in die schwarze Leere Ihres Imaginationsbildes »schreiben«.

Hiermit beginnt ein Konditionierungsprozeß, der die große sexuelle Erregung und die dadurch entstandene Energie zur Lösung des Problems hinlenkt.

Der Prozeß ist einfach:

Man hat die Kontrolle erlangt.

Man ist bereit, die Energie zu kanalisieren.

Die Position auf dem Bett wird beibehalten, und es wird damit begonnen, das Kanalisierungs-Mantra zu wiederholen, wobei man es mit einer isolierten Aussage bezüglich des Problems verbindet.

Zum Beispiel:

»AHH. NAHH. YAHH. TAUNNN. Ich will ruhiger und geduldiger sein; ich will im Frieden mit mir und anderen sein. AHH. NAHH. YAHH. TAUNNN.«

Oder:

»AHH. NAHH. YAHH. TAUNNN. Es kommt mir der richtige Gedanke, um das Problem zu lösen. Ich bin kreativ. Die Antwort wird kommen. AHH. NAHH. YAHH. TAUNNN.«

Dieser Vorgang wird sechsmal wiederholt, wobei man sich jedesmal auf dasselbe Problem (oder denselben Wunsch) konzentriert. Der Geist *kennt* bereits die *Details* des Problems, also bedarf es nur einiger weniger Worte, um die Konzentration darauf zu lenken. Um diese Konzentration zu intensivieren, werden die gesprochenen Worte (einschließlich des Mantras) auf die schwarze Tafel Ihres geistigen Bildes »geschrieben«.

Wenn Sie das Kanalisierungs-Mantra sechsmal wiederholt haben, hören Sie auf und denken nicht mehr an das Problem.

Jetzt sprechen Sie zweimal das Kontroll-Mantra. Dann wiederholen Sie zweimal das Wahrnehmungs-Mantra. Jetzt können Sie sich um andere Angelegenheiten kümmern. Vergessen Sie nicht die Ein-Stunden-Regel. Sie werden sich noch immer in einem sexuell erregten Zustand befinden. Benützen Sie das Kontroll-Mantra zusammen mit dem Kontroll-Yantra, um die Kontrolle während der verlangten Stunde – oder länger – aufrechtzuerhalten.

Viele Tantriker vollziehen das Wahrnehmungs-, Kontroll- und Kanalisierungs-Ritual etwa eine oder zwei Stunden, bevor sie zu Bett gehen. Sie stehen nach der Übung auf, trinken ein Glas Wein, nehmen ein heißes Bad und gehen dann nach Ablauf einer Stunde zu Bett, bereit zum sexuellen Verkehr oder ganz einfach um zu schlafen.

Erwarten Sie nicht, daß die Lösung dieses Problems ganz plötzlich im Geist hochschnellt. Versuchen Sie, nicht weiter darüber nachzudenken; die sexuelle Konzentrationskraft arbeitet jetzt im Unterbewußtsein für Sie. In irgendeinem unerwarteten Augenblick wird die Antwort auftauchen, oder Sie werden feststellen, daß sich die gewünschten Ergebnisse eingestellt haben. Und mit jeder weiteren Nacht der Praxis des Wahrnehmungs-, Kontroll- und Kanalisierungs-Rituals wird Ihre Kraft wachsen.

Rituale für den Mann

Das Mantra der Wahrnehmung

Die Laute: OMMM. AHDI. OMMM.

Lernen und verwenden Sie sie nur in Verbindung mit diesen Ritualen. Sie können kaum hörbar gesprochen oder im stillen wiederholt oder laut gesungen werden. Die beschriebene Yantra-Imagination sollte das Mantra immer begleiten.

Erweckung

Mahakala betrachtete das Spiegelbild des Körpers, den Kali ihm gegeben hatte. Und er berührte seinen Körper, um die Empfindungen der Lust kennenzulernen, die ihm entsprangen. Und Kali lenkte seine Berührungen und lehrte ihn alles, was es zu wissen gab.

Sie kennen Ihren Körper und wissen, wie er aussieht, aber gerade weil er Ihnen so vertraut ist, werden Sie ihn vielleicht nicht als den empfindsamen sinnlichen Organismus würdigen, der er sein kann. Das Tantra beginnt damit, Sie zu lehren, Ihren Körper in »tantrischer Weise« kennenzulernen.

Sie stellen sich nackt vor einen Spiegel und konzentrieren sich auf Ihre Lippen. Zeigefinger und Mittelfinger der rechten Hand werden an die Lippen geführt; stellen Sie sich vor, daß eine andere Person die Empfindungen bei Ihnen auslösen würde, und sprechen Sie einmal das Wahrnehmungs-Mantra. Führen Sie Ihre linke Hand zur rechten Brustwarze. Konzentrieren Sie sich auf die Form der Brustwarze. Sie werden ihrer Empfindsamkeit gewahr und fühlen, wie die Brustwarze sich versteift. Das Wahrnehmungs-Mantra wiederholen und die Hand zurücknehmen.

Nun stimulieren Sie mit Ihrer rechten Hand Ihre linke Brust, wobei Sie zweimal das Wahrnehmungs-Mantra wiederholen.

Dann falten Sie die Hände locker auf dem Bauch, direkt unter dem Nabel. Sprechen Sie das Mantra. Jetzt lassen Sie die Hände nach unten durch das Schamhaar gleiten und umfassen den Penis mit Zeigefinger und Daumen an der Basis. Während Sie das Wahrnehmungs-Mantra sprechen, verengen Sie den Kreis Ihrer Finger. Danach legen Sie Ihre Hände wieder locker an die Körperseiten.

Das ist die erste Phase des Rituals.

Schließen Sie jetzt ganz fest die Augen und konzentrieren Sie sich auf ein detailliertes Yantra-Bild Ihrer selbst, des Spiegelbildes Ihres nackten Körpers. Wenn Sie Schwierigkeiten haben, das Bild entstehen zu lassen, so öffnen Sie die Augen und sehen sich Ihr Spiegelbild noch einmal an. Berühren Sie noch einmal Lippen, Brustwarzen und Penis. Die Wiederholung der Berührung wird Ihnen helfen, das Bild in Ihrem Geist zu festigen.

Wiederholen Sie nun das Ritual mit geschlossenen Augen: Berühren Sie die Lippen mit den Fingern, während Sie sich vorstellen, daß die Hand, die Ihre Lippen berührt, jemand anderem gehört. Wiederholen Sie dabei das Mantra. Führen Sie die rechte Hand zur linken Brust, stimulieren Sie die Brustwarze und lassen Sie dabei das Vorstellungsbild entstehen, daß es die Finger eines anderen sind. Die Lustempfindung steigert sich, wenn Sie das Mantra sprechen.

Gehen Sie bei der rechten Brust ebenso vor und lassen Sie dann die Hände nach unten gleiten, mit dem Yantra, daß die Finger einer anderen Person die Basis des Penis umfassen und Druck ausüben.

Wiederholen Sie jetzt das Ritual noch ein weiteres Mal mit geschlossenen Augen, doch dieses Mal stellen Sie sich vor, daß die Hände Ihre eigenen sind, aber daß sie die Lippen, Brustwarzen und den Penis von jemand anderem berühren: Die Fingerspitzen spüren die weichen Umrisse der Lippen und die Versteifung der Brustwarzen einer anderen Person, sie gleiten durch das weiche Schamhaar und umschließen die Basis des Penis eines anderen.

Dieses einfache Ritual ist sowohl entspannend als auch erregend. Wenn Sie es am Morgen vollziehen, bewirkt es, daß Sie sich den ganzen Tag über sinnlich lebendig und wohl fühlen. Am Abend wiederholen Sie es, damit es Ihren Körper in einen Zustand ruhevoller Entspannung bringt.

Yantrische Wahrnehmung

Es wird die Geschichte erzählt von dem Schüler, der den tantrischen Meister fragte: »Was ist das Zentrum meiner Lust? Da alle Dinge sich in Harmonie mit dem Universum bewegen, muß ein jedes sein Zentrum haben. Und dennoch spüre ich die Lust in meinem ganzen Wesen.«

Und der tantrische Meister antwortete:

»Die Lust liegt nur in dem, was der Geist als lustvoll erfährt. Das Zentrum deines Wesens und deiner Lust liegt in deinem Geist.«

Während eines gewöhnlichen Tagesablaufs sollten Sie wenigstens einmal eine Pause machen (wenn möglich zwei- oder dreimal) und mit fest geschlossenen Augen versuchen, das Bild Ihrer selbst, vor dem Spiegel stehend, hervorzurufen. Versuchen Sie sich mit allen Kräften darauf zu konzentrieren, das Bild und die Empfindungen der Lust zu erzeugen, die Sie beim Berühren Ihres Körpers und bei der Vorstellung, daß Ihre Hände einen anderen Körper berührten, hatten.

Durch tägliche Übung wird Ihnen dieses Yantra leichtfallen. Sie werden bald fähig sein, sowohl das Yantra-Bild als auch die Empfindung allein dadurch hervorzurufen, daß Sie die Augen schließen und im stillen das Wahrnehmungs-Mantra sprechen.

Der yantrische Körper

Als Kali Mahakala die Freuden des Tantra lehrte, wies sie darauf hin, daß er jeder Facette seines eigenen Wesens gewahr werden solle, so daß er alle Lust daraus zu gewinnen vermöge. Er lernte, für sich allein wiederholte Erektionen seines Penis zu erzeugen und sich an den Empfindungen zu ergötzen, die er ihm gewährte. Denn Kali wußte, daß der Mann, so er Lust gewann, nach mehr Lust verlangen und lernen würde, um seiner eigenen Befriedigung willen Lust zu geben.

Dies ist ein Ritual der Yantra-Imagination, jedoch verbunden mit körperlicher Muskelkontrolle.

Zuerst das Bild: Der Penis ist ein Schaft, von Muskeln gestützt, die tief aus dem Innern hervorkommen und das Organ umgeben. Er hat Kanäle, die die Muskeln kreuzen – Kanäle, die darauf warten, sich zu füllen, um eine Erektion zu erzeugen.

Schließen Sie die Augen beim Sitzen oder Liegen – ohne Ihren Körper zu berühren – und konzentrieren Sie sich auf dieses Bild Ihres Penis, wobei Sie das Wahrnehmungs-Mantra wiederholen.

Ist das Bild gefestigt, so spannen Sie alle durch den Penis verlaufenden Muskeln an.

Achten Sie darauf, daß die analen Muskeln und die Muskeln der Oberschenkel und des Magens nicht ebenfalls angespannt werden. Wenn die Muskeln gespannt sind, sprechen Sie einmal das Wahrnehmungs-Mantra und entspannen sich dann.

Wiederholen Sie diesen Vorgang von Spannung-Entspannung

dreimal. Dieses Ritual kann so oft wiederholt werden, wie man will; und man kann es überall praktizieren, sobald man das Yantra beherrscht.

Nach und nach werden die Penismuskeln konditioniert. Man wird fähig sein, die Anspannung einer jeden Muskelgruppe zu spüren, die beteiligt ist, und man wird sich der komplizierten Struktur des Penis bewußt. Das Ritual ist sinnlich erregend und wird sich als Hilfe bei der Kontrolle über die Erektion erweisen.

Sammlung der Konzentration

Der tantrische Meister sprach zu jedem seiner Schüler und sagte: »Die Rituale in der Einsamkeit erzeugen die Wahrnehmung des Seins. Von der Wahrnehmung in der Einsamkeit wirst du die Freuden deines Körpers erlernen. Denn du mußt zuerst die Sinnlichkeit kennen, die Lust erzeugt, bevor du jemand anderen dazu anleiten kannst, Lust für dich zu erzeugen. Und du mußt deine eigene Lust kennen, bevor du die Macht erhältst, jemand anderem Lust zu geben.«

Dieses Ritual sollte liegend ausgeführt werden, allein und vorzugsweise bei Nacht. Obwohl es sexuell außerordentlich anregend ist, sollte es nicht zur Masturbation oder als Vorspiel zum sexuellen Akt benützt werden. Wir haben es hier zum erstenmal mit der tantrischen Ein-Stunden-Regel zu tun.

Legen Sie sich nackt auf den Rücken auf ein Bett und heben Sie die Knie zu einer bequemen Haltung, die Füße nebeneinandergestellt. Lassen Sie dann die Knie langsam auseinandergleiten, wobei die Fußsohlen aneinandergedrückt werden. Die Sohlen des rechten und linken Fußes sollten während des ganzen Rituals in Kontakt bleiben.

Die Hände über dem Nabel falten und die Augen schließen. Konzentrieren Sie sich – während Sie das Wahrnehmungs-Mantra sprechen – ganz auf das Bild Ihrer selbst, wie Sie in dieser Haltung auf dem Bett liegen, aber so, als gehöre Ihr nackter

Körper jemand anderem.

Heben Sie langsam die Hände und führen Sie die beiden Zeigefinger zum Mund. Während Sie im Geist das Bild dessen, was Sie tun, festhalten, sprechen Sie zweimal das Mantra und streichen dabei sanft mit den Zeigefingern über die Lippen. Dann falten Sie Ihre Hände locker über dem Bauch wie zuvor.

Als nächstes berühren Sie mit Zeigefinger und Daumen jeder Hand beide Brustwarzen (linke Hand an die linke Brustwarze, rechte Hand an die rechte Brustwarze). Mit dem Yantra-Bild Ihres Tuns vor Augen wird nun jede Brustwarze zwischen Daumen und Zeigefinger leicht gerollt, so leicht, bis eine angenehme, erregende Empfindung entsteht, wobei Sie zweimal das Mantra sprechen. Machen Sie eine kurze Pause, um das Yantra in Ihrem Geist zu festigen, und streichen Sie dann mit den Händen nach unten durch das Schamhaar und lassen Sie Ihre Hände zwischen den Beinen zu beiden Seiten des Penis liegen. Beginnen Sie mit der Wiederholung des Mantra, wobei Ihre Hände sanft nach innen rücken. Die Daumen bleiben an der Basis des Penis; die Zeigefinger umfangen ihn am unteren Ansatz. Nun verengen Sie Ihre Finger um die Penisbasis, massieren Sie aber den Penis oder die genitale Zone nicht; wenn Sie dreimal das Mantra gesprochen haben, kehren Sie mit den Händen zum Bauch zurück.

Das visuelle Bild des Rituals sollte nun in der gleichen Weise wie beim Wahrnehmungs-Ritual noch einmal im Geist gefestigt werden. Stellen Sie sich vor, daß die Hände einer anderen Person Ihren Körper liebkosen; und anschließend, daß Sie den Körper eines anderen berühren. Stellen Sie sich die Hände vor, die Lippen, Brustwarzen und Penis stimulieren. Versuchen Sie in Ihrem Geist dasselbe Yantra wieder zu erzeugen, das Sie hatten, als Sie Ihren Körper tatsächlich berührten. Nach einiger Zeit werden Sie die Fähigkeit entwickeln, die Hände, die Ihre Lippen, Ihre Brustwarzen und Ihren Penis berühren, zu »fühlen«, ohne daß ein wirklicher körperlicher Kontakt stattfindet.

Das Ritual hat zwei verschiedene Teile: erstens die tatsächliche Berührung, das Yantra und das Mantra; zweitens die Yantra-Vorstellung der Berührung, die die Empfindung allein durch das

Bild erzeugt, und das Mantra als Hilfsmittel.

Nach einer gewissen Zeit werden Sie allein durch den Gebrauch des Yantra und des Mantra in der Lage sein, diese erregende Empfindung jederzeit und an jedem Ort zu erzeugen.

Vertiefte Sammlung der Konzentration

Der Schüler fragte den tantrischen Meister: »Wie soll ich wissen, daß ich ein Meister der Lust geworden bin? Das kann ich doch gewiß nicht allein feststellen?«

Und der tantrische Meister antwortete: »Jeder Schritt führt dich in neue Bereiche deines Wesens – Bereiche, die du nicht kennenlernen könntest, wenn du nicht zuvor die kleineren, vorausgehenden Schritte unternommen hättest. In dieser Weise wird Lust durch Lust erschaffen – durch die Rituale des Kennenlernens deiner selbst.«

Dieses Ritual ist eine Erweiterung des Konzentrations-Rituals, das mehrere Tage lang geübt werden sollte und beherrscht werden muß, bevor die folgenden Verfeinerungen hinzugefügt werden.

Vollziehen Sie das Konzentrations-Ritual, und wenn die Basis des Penis durch leichtes Pressen stimuliert worden ist, lösen Sie den Griff von Daumen und Zeigefinger. Lassen Sie die Zeigefinger abwärts gleiten, entlang der Penisbasis, bis das tiefste fühlbare Ende der Peniswurzel innerhalb des Hodensacks erreicht ist. Üben Sie gerade so viel Druck aus, um eine angenehme Empfindung zu erzeugen. Sprechen Sie das Mantra einmal, dann entspannen Sie die Zeigefinger und machen eine kurze Pause. Festigen Sie das Yantra.

Jetzt gleiten die Zeigefinger nach unten um die Hoden herum und verharren auf dem Perinäum, dem Bereich zwischen Hodensack und Anus. Üben Sie leichten Druck aus und sprechen Sie dabei zweimal das Mantra.

Lassen Sie die Finger noch weiter gleiten, bis Sie auf die Rektummuskeln drücken und eine angenehme Empfindung damit auslösen. Dieses Drücken sollte während zweier Mantras aufrechterhalten werden.

Dann legen Sie noch einmal Daumen und Zeigefinger um die Basis des Penis und verengen sie. Die Hände werden nun wieder locker auf den Bauch gelegt.

Nun beginnt der zweite Teil des Rituals. Versuchen Sie, ohne daß Sie Ihren Körper tatsächlich berühren, das Vorstellungsbild von den Fingern an den Lippen, an den Brustwarzen, dann auf dem Bauch, um den Penis, abwärts zum Hodensack und zum Perinäum, zu den rektalen Muskeln, um die Basis des Penis und schließlich zurück zum Bauch, zu erzeugen.

Jeder Schritt dieses Rituals sollte sorgfältig und langsam vollzogen werden. Das wichtigste dabei ist natürlich die Wahrnehmung – nicht nur Wahrnehmung der sensiblen Teile des Körpers, die berührt werden, sondern ebenso die Wahrnehmung der erotischen Verbindungslinien in Ihrem Körper. Dies ist ein sehr erregendes Ritual, aber es muß unter Beachtung der Ein-Stunden-Regel durchgeführt werden. Das Ritual und der Zeitraum einer Stunde danach sind der Anfang des Lernprozesses, Ihre sexuelle Energie unter Kontrolle zu bringen.

Körperliche Sammlung der Konzentration

Alles, was existiert, existiert im Geist. Der physische Körper ist nur eine Erweiterung des feinstofflichen Körpers, der im Vorstellungsbild des Yantra existiert. Der Körper und alle seine Funktionen stehen in Beziehung zum Yantra und zur Lust.

Die tantrische Literatur erkennt den doppelten Zweck des genitalurinären Systems an, aber anstatt diese Funktionen voneinander zu trennen, verwendet sie den Vorgang des Urinierens und des Gebrauchs der genitalen Muskeln dabei als logischen Teil des Wahrnehmungs-Rituals.

Nach dem Urinieren fassen Sie mit dem rechten Zeigefinger und Daumen an die Basis des Penis und führen sie unter Ausübung von etwas Druck in einer einzigen langsamen Bewegung bis zur Spitze.

Damit werden noch vorhandene Urinreste aus der Harnröhre entfernt, gleichzeitig die Wahrnehmungs-Rituale gefestigt, und es wird eine erregende sexuelle Empfindung erzeugt. Das ist auch eine Hilfe, um Hemmungen zu beseitigen, die Sie vielleicht hinsichtlich des Akzeptierens Ihrer normalen Körperfunktionen und ihrer Verbindung mit der Sexualität haben mögen.

Kontrolle der Lust und der Kraft

Der tantrische Meister sprach zu seinen Schülern in folgender Weise:

»Ihr habt nun die Ebene erreicht, auf der ihr die Freuden versteht, die euer Körper euch durch die Sinne gewährt. Und ihr habt diese Freuden mit Yantra und Mantra durchsetzt und sie gesammelt. Aber das ist erst der Anfang eurer Lust. Um weitere Höhen der Erregung zu erreichen, müßt ihr lernen, die Sinne der Lust zu kontrollieren. Darin liegen sexuelle Empfindungen, Energien und Kräfte, die über alles hinausgehen, was ihr euch jemals erträumt habt.«

Dies ist das *wichtigste* Ritual im Tantra. Es ist der Schlüssel zu allem, was erreichbar ist.

DAS KONTROLL-MANTRA

Die Laute: PAHHH. DAHHH. O-MAHHH.

Es sollte auswendig gelernt werden, indem man es leise oder laut singt oder im stillen spricht, je nachdem, wie es in den Übungen angegeben ist.

DAS KONTROLL-RITUAL

Legen Sie sich auf ein Bett, die Knie gespreizt, die Fußsohlen gegeneinander, und vollziehen Sie Ihr übliches Konzentrations-Ritual, das in das vertiefte Konzentrations-Ritual übergeht.

Kehren Sie am Ende dieser Rituale, nachdem Sie das abschließende Wahrnehmungs-Mantra gesprochen haben, mit den Händen zum Penis zurück und ergreifen ihn wie zuvor fest mit Zeigefingern und Daumen.

Sprechen Sie das Wahrnehmungs-Mantra, während Sie Druck auf den Penis ausüben. Gleiten Sie mit den Fingern von der Basis aufwärts bis zur Spitze und wieder nach unten zur Basis des Penis, drücken, und wieder zurück zur Spitze. Konzentrieren Sie sich bei diesen Bewegungen auf das Yantra-Bild dessen, was Sie tun, um den Penis zur Erektion zu bringen. Und nun beginnen Sie zu masturbieren, so wie es Ihnen gefällt. Die Position auf dem Bett, Fußsohle gegen Fußsohle, muß beibehalten werden. Naturgemäß werden noch andere sexuelle Bilder auftauchen, nur sollten Sie das Wahrnehmungs-Mantra und -Yantra aufrechterhalten.

Sobald Sie den Orgasmus kommen spüren, sollten Sie sofort das Kontroll-Mantra wiederholen, den Penis loslassen und die Hände locker über dem Bauch falten. Sie werden sehr erregt sein, aber Sie dürfen nicht weiter masturbieren, sondern müssen das Kontroll-Mantra wiederholen, laut, wenn das hilft. Wenn Sie das Gefühl haben, daß der Orgasmus dennoch kommen kann, sollten Sie schnell Daumen und Zeigefinger der rechten Hand benützen, um die Spitze des Penis fest zusammenzuklemmen, das wird die Ejakulation verhindern.

Sobald Sie das Kontroll-Mantra sprechen, müssen Sie sofort Ihr Yantra-Bild verändern. Konzentrieren Sie sich auf eine große schwarze Leinwand, auf der die Worte des Kontroll-Mantra – PAHHH, DAHHH, O-MAHHH – geschrieben stehen. Diese yantrische Konzentration auf die Schwärze ist genauso wichtig wie die Unterbrechung der Masturbation. Dies ist, zusammen mit dem Klang des Mantra, der Schlüssel zur Kontrolle.

Wenn Sie sich um diese Kontrolle bemühen, werden Sie noch immer sexuell stimuliert sein, aber die Erregung unter Kontrolle haben.

Bleiben Sie weiterhin auf dem Bett liegen, bis Sie das Gefühl haben, daß Sie vollkommen im Besitz der durch Mantra und Yantra erworbenen Kontrolle sind. Dann können Sie aufstehen und tun, was immer Sie wollen. Nur vor Ablauf einer Stunde dürfen Sie weder masturbieren noch sexuellen Verkehr haben.

Wenn Sie nach diesem Ritual gewöhnlichen Beschäftigungen nachgehen, wird Ihr sexueller Trieb noch sehr stark spürbar sein. Wiederholen Sie das Kontroll-Mantra und rufen Sie das Yantra-Bild zurück, um die Kontrolle aufrechtzuerhalten.

Falls Sie sich nach Ablauf einer Stunde in irgendeiner Weise sexuell betätigen, werden Sie feststellen, daß Ihre sexuelle Energie mit dem Vollzug des Kontroll-Rituals gewachsen ist. Sie werden einen höheren Grad der sexuellen Erregung und größere, intensivere Befriedigung erlangen. Genießen Sie die Zunahme Ihres sexuellen Vergnügens; denn jetzt brauchen Sie sich nicht um die tantrische Kontrolle zu kümmern.

Sie werden diese Übung zunächst als die schwierigste empfinden. Doch mit jedem der folgenden Male werden Sie sehen, daß die Kontrolle zunehmend leichter aufrechterhalten werden kann. Nach einiger Zeit werden Sie sich näher und näher an den Punkt des Orgasmus heranwagen und sich dann mit der tantrischen Kontrolle zurückhalten können.

Es wird nicht als ungewöhnlich betrachtet, daß man, wenn die Kontrolle aufgebaut ist, weiter masturbieren kann, wenn man das Mantra und das Yantra einsetzt. Dann ist man in der Lage, sich unbeschränkt an der Grenze zum Orgasmus aufzuhalten, während man ihn völlig unter Kontrolle hat.

Das ist allerdings erst nach einiger Zeit und bei regelmäßiger Praxis der Wahrnehmungs- und Kontroll-Rituale möglich.

Dieses Kontroll-Ritual sollte als eine Erweiterung der Konzentrations- und der vertieften Konzentrations-Rituale nach Möglichkeit bei Nacht vollzogen werden. So wie die Wahrnehmungs-Rituale ein Teil der aufzubauenden täglichen Ordnung sind, so muß dieses allerwichtigste Kontroll-Ritual ein Teil des Konditionierungsprozesses sein. Will man Wahrnehmung, Lust und Kontrolle erhöhen, muß man zuerst die nötige Ordnung der Rituale aufbauen und täglich praktizieren.

Sie werden nun verstehen, daß diese Rituale sich zu einer logischen Reihenfolge ergänzen und so angeordnet sind, daß sie stufenweise zu erhöhter Lust führen, wobei sie gleichzeitig befähigen, diese Lust auch unter Kontrolle zu halten.

Das Kontroll-Ritual ist das wichtigste Allein-Ritual des Tantra. Es mag als das schwierigste erscheinen, aber wenn die Anweisungen sorgfältig beachtet werden, wird man es bald beherrschen können. Die logische Folge dieses Kontroll-Rituals ist die Kanalisierung der sexuellen Kraft.

Kanalisierung der Kraft und der Energie

Das Tantra erzählt die Geschichte von den »ersten Menschen«, die von Kali und Mahakala erzeugt wurden:

»Am Anfang waren alle Menschen tantrische Meister. Sie vermehrten sich und weihten alle in das Wissen und die Freuden des Tantra ein. Aber nachfolgende Generationen ließen sich so sehr von den Freuden gefangennehmen, daß sie das Wissen um den Gebrauch ihrer sexuellen Energie für kreative Zwecke verloren.

Jeder Tantriker war ein Meister der Lust und der Kontrolle, um die Lust zu erhöhen. Aber die sich stets erneuernde Kraft und Energie erfüllten sie mit Furcht, denn sie hatten keine Verwendung dafür außer im Bereich der Lust.

Das Tantra erzählt die Geschichte von jener tantrischen Meisterin, die ihre Sensibilität und Lust täglich steigerte, aber keinen Schlüssel fand, um diese große Energie in andere Seinsbereiche zu lenken. Die Suche danach brachte ihr große Unzufriedenheit. Sie wurde unruhig und traurig, selbst inmitten der sinnlichen Freuden, die sie erfuhr.

Dann, eines Nachts, als sie ihren Geliebten in den Armen hielt und ihre Lust von ihm empfing, erbebten ihr Geist, ihre Gefühle und ihr Körper unter einer Vision: sie war von der Zweiheit von Kali und Mahakala umhüllt. Sie ließen ihren Körper zu solchen Höhen der Ekstase erglühen, daß die Tantra-Meisterin in einen traumartigen Zustand verfiel, wo sie an der Grenze zum Orgasmus festgehalten wurde, der nicht stattfand, weil Kali wiederholt das Yantra der Kontrolle in ihrem Geist gestaltete, während Mahakala das Mantra der Kontrolle in ihr Ohr flüsterte.

Im straff gespannten Netz von höchster Lust und Kontrolle hängend, hörte sie plötzlich ein neues Mantra von Mahakala, während Kali auf die Schwärze ihres Geistes ein Bild von all jenen Dingen des täglichen Lebens zeichnete, die eine Frau sich wünscht.

Plötzlich waren Kali und Mahakala verschwunden; aber sie hatten dieser tantrischen Meisterin das große Geheimnis des Tantra geschenkt: kontrollierte Kanalisierung.

Sie hatte das verlorene Geheimnis wiedergefunden. Und sie verriet dieses Geheimnis ihrem Geliebten und all jenen, die es erlernen wollten. Und sie betete zu Kali und Mahakala und gründete erneut den großen Kult der Ekstase, den man Tantra nennt.«

DAS KANALISIERUNGS-MANTRA

Die Laute: AHH. NAHH. YAHH. TAUNNN.

DAS KANALISIERUNGS-RITUAL

Sie haben das nächtliche Ritual der Wahrnehmung aufgebaut, sind weitergegangen zu den Ritualen der Konzentration und der vertieften Konzentration und haben diese bis zum Kontroll-Ritual durchgeführt. Sie sind an die Grenze zum Orgasmus gelangt und haben dann die Masturbation unterbrochen. Sie haben durch den Gebrauch des Kontroll-Mantra und -Yantra die Kontrolle erlangt.

Ihre Hände liegen locker auf dem Bauch, und Sie befinden sich noch immer in der Ausgangsposition auf dem Bett: nackt, die Knie gespreizt, die Fußsohlen aneinander.

Durch das Kontroll-Mantra und -Yantra sind Sie bis an den Punkt gekommen, an dem Sie sich unter Kontrolle haben. Sie haben den Orgasmus zurückgehalten, und obwohl Sie mit der Masturbation fortfahren oder sexuellen Verkehr haben möchten, halten Sie sich zurück, weil Sie sich unter Kontrolle haben und die Ein-Stunden-Regel nicht verletzen wollen.

Wenn Sie so weit gelangt sind, können Sie mit der tantrischen Kanalisierung beginnen:

Bleiben Sie in dieser Stellung liegen und hören Sie mit dem Kontroll-Mantra und -Yantra auf. Selbstverständlich können Sie sie wieder aufnehmen, wenn das Verlangen nach sexueller Betätigung übermächtig wird. Lassen Sie nun im Geist ein Bild eines Problems entstehen, das Sie belastet hat. Stellen Sie sich also vor, daß Sie ein ernstes Problem zu lösen oder eine wichtige Entscheidung zu treffen haben; oder, daß Sie gereizt und nervös waren. Beginnen Sie über das Problem nachzudenken, sobald Sie die Kontrolle erlangt haben. Isolieren Sie es. Beginnen Sie mit dem Kanalisierungs-Mantra und wiederholen Sie es immer wieder, während Sie die Worte, die das Problem schildern, auf die schwarze Leinwand Ihres Yantra-Bildes »schreiben«.

Damit beginnt ein Konditionierungsprozeß, der Ihre Energie, die durch die große sexuelle Erregung entstanden ist, zur Lösung des Problems hinlenkt.

Der Prozeß ist einfach:

Man hat die Kontrolle erlangt.

Man ist bereit, seine Energie zu kanalisieren.

Die Position auf dem Bett wird beibehalten, und es wird damit begonnen, das Kanalisierungs-Mantra zu wiederholen, wobei man es mit einer isolierten Aussage bezüglich des Problems verbindet. Zum Beispiel:

»AHH. NAHH. YAHH. TAUNNN. Ich will ruhiger und geduldiger sein. AHH. NAHH. YAHH. TAUNNN.«

Oder:

»AHH. NAHH. YAHH. TAUNNN. Es kommt mir der richtige Gedanke, um das Problem zu lösen. Ich bin kreativ. Die Antwort wird kommen. AHH. NAHH. YAHH. TAUNNN.«

Dieser Vorgang wird sechsmal wiederholt, wobei man sich jedesmal auf dasselbe Problem (oder denselben Wunsch) konzentriert. Ihr Geist *kennt* bereits die *Details* des Problems, also bedarf es nur einiger weniger Worte, um die Konzentration darauf zu lenken. Um diese Konzentration zu intensivieren, »schreiben« Sie die gesprochenen Worte (einschließlich des Mantras) auf die schwarze Leinwand Ihres geistigen Bildes.

Wenn Sie die Worte des Kanalisierungs-Mantra sechsmal wie-

derholt haben, hören Sie auf und denken Sie nicht mehr an das Problem.

Jetzt sprechen Sie zweimal das Kontroll-Mantra. Dann wiederholen Sie zweimal das Wahrnehmungs-Mantra und stehen auf. Jetzt können Sie sich um die alltäglichen Angelegenheiten kümmern. Vergessen Sie nicht die Ein-Stunden-Regel. Sie werden sich noch immer in einem sexuell erregten Zustand befinden. Benützen Sie das Kontroll-Mantra und -Yantra, um die Kontrolle während der verlangten Stunde – oder länger, wenn Sie wollen – aufrechtzuerhalten.

Viele Tantriker vollziehen das Wahrnehmungs-, Kontroll- und Kanalisierungs-Ritual etwa eine oder zwei Stunden, bevor sie zu Bett gehen. Sie stehen nach der Übung auf, trinken ein Glas Wein, nehmen ein heißes Bad und gehen dann nach Ablauf einer Stunde zu Bett, bereit zum sexuellen Verkehr oder um zu schlafen.

Erwarten Sie nicht, daß die Lösung dieses Problems ganz plötzlich in Ihrem Geist hochschnellt. Versuchen Sie, nicht weiter darüber nachzudenken. Die sexuelle Konzentrationskraft arbeitet jetzt im Unbewußten für Sie. In irgendeinem unerwarteten Augenblick wird die Antwort auftauchen oder Sie werden feststellen, daß sich die erwünschten Ergebnisse eingestellt haben. Und mit jeder weiteren Nacht der Praxis der Wahrnehmungs-, Kontroll- und Kanalisierungs-Rituale wird Ihre Kraft wachsen.

Rituale für das Paar: Die sieben Nächte des Tantra

Einführung

Die sieben Nächte des Tantra sind die klassischen Rituale der tantrischen Lehre. Zuerst wird durch die Sinne des Partners eine neue Wahrnehmungsfähigkeit der eigenen Sexualität wie auch dem Partner gegenüber entwickelt. Und im Verlauf des Aufbaus dieser neuen Wahrnehmungsfähigkeit werden falsche Zurückhaltung und Hemmungen überwunden und eine neue Offenheit und Direktheit in der Sexualität erlangt.

Dann werden die Nächte zu Nächten der Kontrolle. Diese Rituale bringen nicht nur die Kontrolle an sich, sondern führen auch zu einer tieferen Kommunikation zwischen Mann und Frau, wenn sie gemeinsam versuchen, neue Höhen der Ekstase zu erreichen.

Die Rituale der sieben Nächte des Tantra sollten, wenn möglich, in sieben aufeinanderfolgenden Nächten vollzogen werden. Doch ist das nicht unbedingt notwendig. Sie können auch in jeder zweiten Nacht praktiziert werden. Je kürzer allerdings die Zeitspanne ist, desto besser sind die Ergebnisse. Und die Rituale müssen unbedingt in der angegebenen Ordnung ausgeführt werden.

Wenn in einer der Nächte des Tantra die Kontrolle verlorengeht und es zu einem Orgasmus kommt, ist es am besten, das Ritual zu unterbrechen und die Ein-Stunden-Regel einzuhalten. Nach einer Stunde kann das Ritual noch einmal von Anfang an vollzogen werden.

Einer der wichtigsten Punkte bei diesen Ritualen ist der, daß uneingeschränktes Vertrauen und ungehemmte Kommunikation zwischen den Partnern besteht. Bevor man beginnt, sollten Anweisungen für die Rituale gemeinsam gelesen und jeder der Aspekte miteinander besprochen werden.

Die Ekstase, die hohe Freude der Liebe ist es, die in den sieben Nächten des Tantra erreicht werden soll, und dieses gemeinsame Ziel muß im Auge behalten werden.

Die Ein-Stunden-Regel ist in den sieben Nächten ebenfalls immer zu beachten. Während dieser einen Stunde sehr hoher sexueller Energie ist der Kanalisierungseffekt am wirksamsten. Diese Stunde wird nun selbst zu einem Teil des Rituals; sie dient nicht nur der durch die Kanalisierung gewonnenen Kraft, sondern erhöht auch die Wahrnehmung, die Kontrolle und die Lust.

Die Rituale selbst sollten sehr sorgfältig ausgeführt werden. Die Bedeutung und der Zweck mancher Anweisungen mögen nicht gleich einleuchtend sein, aber sie müssen genau befolgt werden, wenn sie ihren Zweck erfüllen sollen.

Auch die einfachsten Anweisungen sollten nicht ignoriert oder oberflächlich übergangen werden. Paare neigen oft zu einer Haltung wie: »Aber ich weiß doch, wie's geht«, oder: »Wir haben so was schon früher gemacht; wir können das auf unsere Weise.« Das sind die Fallgruben, vor denen die tantrischen Texte warnen. Einer der ältesten Texte sagt: »Laßt den Mann oder die Frau, der oder die ein Wissender ist, lehren. Laßt jene, die noch nicht die höchste Ebene erreicht haben, lernen.«

Es ist wichtig, daß die Rituale des Mannes beziehungsweise der Frau beherrscht werden, bevor das gemeinsame Ritual praktiziert wird. Die Schöpfer des Tantra waren sich bewußt, daß der Schüler den Wunsch haben würde, die Grund-Rituale für Mann oder Frau schnell »hinter sich zu bringen«, um zu den gemeinsamen Ritualen zu kommen. Aus diesem Grund ist die Wiederholung der Einzel-Rituale ein Teil der gemeinsamen Rituale.

DIE ERNÄHRUNG

Für diese Nächte empfehlen die tantrischen Texte dem Paar einen kleinen Imbiß. Es sollten leichte Speisen sein, doch kann das Mahl genausogut aus Champagner und Kaviar wie aus Bier und Brezeln bestehen. Das ist einer der Bereiche, in denen die Tantriker ihre eigene Wahl treffen können.

DAS LICHT

Die Beleuchtung in den Räumen ist ein wichtiger Faktor.

Die tantrischen Texte sprechen von vier Lichtquellen, wenn kein Tageslicht vorhanden ist.

Der Gesichtssinn ist außerordentlich wichtig. Wenigstens zwei Lampen, oder wenn man will einige Kerzen, sollten am Kopfende und am Fußende des Bettes brennen.

Auf jeden Fall sollte das Licht nicht gelöscht werden: »Tantra verabscheut die Dunkelheit.«

Die erste Nacht des Tantra

Der tantrische Meister führte sie zusammen, Mann und Frau, zur ersten Nacht des Tantra.

Und der Meister sprach: »Ihr habt einander durch eure Anwesenheit eure Einwilligung bekundet. Ihr werdet die Ekstase von

Kali und Mahakala kennenlernen, wenn ihr den Weg der Suche nach der vollkommenen Vereinigung beschreitet, die alles transzendiert und wahre Erleuchtung bringt.«

Und der tantrische Meister führte sie, einen jeden und beide zusammen, durch das Ritual.

In der ersten Nacht des Tantra sollte das Paar beieinander sitzen, ohne sich jedoch zu berühren. Es kann etwas Wein oder ein anderes alkoholisches Getränk getrunken werden.

Das Paar sollte sich nur leicht küssen, wobei sich der Mann völlig passiv verhalten sollte. Die Frau beginnt ihn langsam zu entkleiden; sie beginnt mit den Schuhen und Socken, dann Hose, Hemd und Unterwäsche. Den Teil seines Körpers, den sie entblößt hat, sollte sie betrachten, aber nicht berühren, und dabei das Wahrnehmungs-Mantra stumm wiederholen. So kann sie die Befangenheit beim Aussprechen des Mantra vor ihrem Partner überwinden.

Wenn der Mann ausgezogen ist, beginnt der Mann die Frau auszuziehen, wobei er genauso vorgeht wie sie: Er wiederholt ebenfalls stumm das Wahrnehmungs-Mantra und betrachtet den Bereich ihres Körpers, den er entkleidet hat.

Nun beginnt das Wahrnehmungs-Ritual. Der einzige Unterschied besteht darin, daß er, anstatt sich wie vorher auf sein eigenes Spiegelbild zu konzentrieren, seine Konzentration auf das Bild der Frau vor ihm richtet. Er spricht das Wahrnehmungs-Mantra und berührt mit den Fingerspitzen ihre Lippen, die Brustwarzen, ihren Bauch; seine Hände gleiten nach unten durch das Schamhaar und verharren auf dem Schambein. Bei jedem Punkt wiederholt er das Wahrnehmungs-Mantra und richtet seinen Blick und seine Konzentration auf die Bereiche, die er berührt.

Dann schließt er seine Augen und gestaltet im Geist das Bild der Frau, so wie er vorher sein eigenes Spiegelbild gestaltete. Er behält die Augen geschlossen, wenn die Frau seine Hände zuerst an ihre Lippen, dann zu den Brustwarzen, dann zum Bauch, dann zum Venushügel führt. Bei jedem Punkt verharrt sie, bis sie ihn das Wahrnehmungs-Mantra hat sagen hören und weiß, daß er den berührten Bereich verinnerlicht hat.

Das Ritual sollte langsam vor sich gehen, so daß der Partner es genießen kann, zu berühren und berührt zu werden.

Während er die Augen geschlossen hatte, nahm er im Geist das Bild und die sinnliche Empfindung von jedem Teil ihres Körpers, den er berührt hatte, wahr.

Daraufhin wiederholt die Frau den Vorgang ihrerseits, indem sie den Körper des Mannes betrachtet, wie sie ihr eigenes Spiegelbild im Wahrnehmungs-Ritual betrachtete. Sie berührt die Lippen des Mannes, die Brustwarzen, seinen Bauch, dann gleiten Daumen und Zeigefinger abwärts durch das Schamhaar und umfangen den Penis an seiner Basis und verengen sich zu leichtem Druck. Bei jedem Punkt verharrt sie lange genug, um das Wahrnehmungs-Mantra zu sprechen und den berührten Körperteil zu verinnerlichen.

Sie betrachtet den Mann und schließt dann ihre Augen, um ein klares Bild des Mannes in ihrem Geist entstehen zu lassen. Der Mann ergreift ihre Hände und führt sie zu seinen Lippen; dann zu jeder Brustwarze; dann zum Bauch; dann abwärts zur Penis-Basis, die umfaßt und gedrückt wird wie zuvor. Der Mann hält die Hände der Frau so lange auf jedem Punkt fest, bis er sie das Wahrnehmungs-Mantra hat sprechen hören. Die Frau hält die Augen geschlossen, wobei sie im Geist das Yantra und die sinnlichen Eindrücke, die sie von jedem berührten Teil des männlichen Körpers empfängt, wahrnimmt.

Die Partner umarmen einander, setzen sich einander gegenüber an einen Tisch. Sie schauen sich schweigend an und reichen einander dann über den Tisch hinweg die Hände und sprechen ein Wahrnehmungs-Mantra.

Das Paar begibt sich jetzt in getrennte Zimmer. Wenn die Frau allein ist, nimmt sie die Haltung des Wahrnehmungs-Rituals ein, nackt, auf dem Rücken liegend, die Fußsohlen gegeneinander, und vollzieht das Wahrnehmungs-Ritual und das Kontroll-Ritual. In einem anderen Zimmer vollzieht der Mann ebenfalls beide Rituale.

Es ist absolut notwendig, daß diese Rituale allein ausgeführt werden. Man sollte sich nicht durch das Wissen ablenken lassen, daß der Partner im Zimmer nebenan dasselbe tut. Es ist gerade diese verstärkte sexuelle Stimulation und die dadurch verlangte verstärkte Kontrolle, die nötig sind, um das tantrische Ziel zu erreichen.

Wenn das Kanalisierung-Ritual beendet ist, wird das Kontroll-Mantra laut wiederholt.

Wenn beide Partner den anderen das Kontroll-Mantra haben laut sprechen hören, stehen beide auf und begegnen sich wieder. Dieser Augenblick wird eine starke Kontrolle verlangen, denn natürlich nimmt jeder die Erregung des anderen wahr; der Penis ist erigiert, die Brustwarzen sind ebenfalls erregt und aufgerichtet, die Klitoris und die Schamlippen geschwellt.

Das Paar sollte sich wieder an den Tisch setzen und etwas Wein trinken. Dann reicht es sich die Hände und wiederholt das Kontroll-Mantra, ohne weiter miteinander zu sprechen.

Das Kontroll-Mantra sollte so laut und so oft wiederholt werden, wie es nötig ist, um die Kontrolle aufrechtzuerhalten.

Während der folgenden Stunde sollte das Kanalisierungs-Mantra benützt werden. Es hat in dieser mit sexueller Erregung und Energie aufgeladenen Atmosphäre größte Wirksamkeit.

Wenn beide glauben, sich ganz unter Kontrolle und die Kanalisierung vollzogen zu haben, können Sie miteinander sprechen, aber jede Berührung muß vermieden werden.

Wenn man das Gefühl hat, daß die Kontrolle entgleitet, so wiederhole man das Kontroll-Mantra und das so wichtige Kontroll-Yantra. Das Kontrollbild wirkt am besten – ob allein oder in der Paarsituation –, wenn das Mantra gesprochen und zugleich die Worte des Mantra in großen weißen Buchstaben auf die schwarze Leere des Vorstellungsbildes »geschrieben« werden. Dabei verdoppelt der Geist die Konzentration, und die Kontrolle erfolgt leichter und schneller.

Nun kann ein kleiner Imbiß eingenommen werden, und das Paar hat eine ganze Stunde Zeit für eine vertrauliche verbale Kommunikation.

Erst wenn die Stunde vorbei ist – und es muß eine ganze Stunde sein –, kann das Paar sexuellen Verkehr haben, oder es kann tun, was immer es beliebt.

Durch den sexuellen Akt – auch wenn der Körper durch die

postkoitale Phase der Sättigung, die man »Erlösung« nennt, gegangen ist – ist eine gewaltige Energie und Konzentration geschaffen. Diese können am besten genützt werden, wenn beim Schlafengehen das Kanalisierungs-Mantra und die Yantra-Imagination verwendet werden, um sie in anderen Lebensbereichen einzusetzen.

»Auf diese Weise werdet ihr über eure körperliche Vereinigung hinaus, über die Lust hinaus, über die Zeit hinaus miteinander verbunden zu einem Wesen.«

Die zweite Nacht des Tantra

Der tantrische Meister sprach zu Frau und Mann: »Keinen geheimen Bereich eures körperlichen Seins sollt ihr voreinander verbergen. Ihr sollt den Körper des anderen ansehen wie euren eigenen; den Geist des anderen wie euren eigenen; das Yantra und Mantra des anderen wie euer eigenes; die Lust des anderen wie eure eigene.

Versucht selbst das kleinste Teilchen des anderen kennenzulernen und teilt alles, auch das Kleinste, miteinander. Darin liegen die Freuden und Kräfte, die euer sein können.«

In der zweiten Nacht ist es die Frau, die zuerst vom Mann entkleidet wird wie in der ersten gemeinsamen Nacht zuvor. Er wiederholt bei jedem Kleidungsstück, das er entfernt, das Wahrnehmungs-Mantra, bis sie völlig nackt ist.

Dann entkleidet die Frau ihn, wobei auch sie wieder bei jedem entfernten Kleidungsstück das Wahrnehmungs-Mantra spricht, bis er völlig nackt ist. Dann stehen Frau und Mann einander gegenüber und vollziehen den »Spiegel«-Teil des Wahrnehmungs-Rituals wie in der vorangegangenen Nacht, zuerst mit offenen, dann mit geschlossenen Augen. Die Partner umarmen einander und küssen sich lange und intensiv – aber mit keinem anderen Stimulans als dem Kuß selbst und der Nähe der Körper.

Das Paar geht anschließend in das Badezimmer. Ein heißes, dampfendes Wannenbad sollte bereit sein. Man kann ebensogut auch duschen. Der Mann setzt sich in die gefüllte Wanne. Die Frau kniet an seiner Seite nieder und wäscht zuerst seine Schultern, seinen Rücken und seine Brust. Dann wäscht sie seine Genitalien, dabei sollte sie keinen Versuch unternehmen, die Genitalien zu stimulieren. Das Waschen allein, mit Seife und Lappen, und dann das Spülen werden sich als genügend erregend erweisen. Danach steigt der Mann aus der Wanne, und die Frau trocknet seinen Körper mit einem warmen Badetuch ab.

Nun kann je nach Wunsch die Wanne neu gefüllt oder dasselbe Wasser benützt werden. Jetzt wäscht der Mann ihren Rücken, ihre Schultern, ihre Brüste. Dann erhebt sich die Frau in kniende Haltung, und er wäscht ihre Genitalien. Aber er sollte keinen Versuch zu genitaler Stimulierung unternehmen. Der Mann trocknet sie danach mit einem warmen Badetuch ab.

Die Intimität des Badens erhöht die Wahrnehmung des anderen Körpers und hilft, Hemmungen zwischen den Partnern zu beseitigen.

Die tantrischen Texte führen diese Beseitigung der Zurückhaltung noch einen Schritt weiter mit dem Hinweis, daß, wenn ein Partner urinieren möchte, bevor er in die Wanne steigt, er dieses vor den Augen des Partners tun sollte. Einander bei den normalen Funktionen des Körpers zuzuschauen, erhöht nicht nur die Intimität, sondern, was noch wichtiger ist, es ermöglicht den Partnern, ihre Befangenheit zu verlieren, indem sie den anderen Zeuge von Vorgängen sein lassen, die gemeinhin als etwas ganz Persönliches betrachtet werden, bei dem man besser allein sei.

Nach dem werden wie in der ersten Nacht wieder getrennte Zimmer aufgesucht. Wieder werden das Wahrnehmungs-Ritual und das Kontroll-Ritual vollzogen. Ist die Kontrolle erlangt und das Kanalisierungs-Ritual vollzogen, trifft sich das Paar wieder und setzt sich an den Tisch. Wie in der vergangenen Nacht kann die Kontrolle Schwierigkeiten machen, aber sie muß aufrechterhalten werden. Das »Schreiben« der Worte des Mantra auf das Yantra-Bild bleibt nach wie vor der *Schlüssel* zum Aufbauen und Aufrechterhalten der Kontrolle. Das Kanalisierungs-Mantra wird in dieser von sexueller Energie und Kraft aufgeladenen Atmosphäre so oft wiederholt, wie es notwendig ist, und es wird etwas Wein getrunken und ein kleiner Imbiß verzehrt.

In dieser Nacht erlaubt das Tantra eine gewisse Einschränkung der Ein-Stunden-Regel, und zwar zu einem bestimmten Zweck.

Wenn *fünfundvierzig* Minuten vergangen sind, setzt sich das Paar auf dem Bett einander gegenüber. Die Frau sollte die Knie anziehen und sie so weit spreizen, wie es für sie angenehm ist.

Der Mann legt seine Beine über die Schenkel der Frau, so daß seine Füße ihr Gesäß zu beiden Seiten berühren.

Dies nennt man »Die kontemplative Haltung des Tantra«.

Ihre Hände liegen jeweils auf den Knien des anderen. In dieser kontemplativen Haltung sind die Genitalien gut sichtbar, die Körper jedoch getrennt.

Das Wahrnehmungs-Mantra wird gesprochen, und die Partner schauen einander zuerst ins Gesicht, dann auf die Brustwarzen, dann auf den Nabel und schließlich auf den Penis oder die Vagina.

Ohne Bewegung sollte sich dann jeder auf die Genitalien des anderen konzentrieren. Das Wahrnehmungs-Mantra wird zweimal gesprochen. Daraufhin schließen die Partner ihre Augen und lassen in ihrem Geist das Bild der Geschlechtsorgane des Partners entstehen. An diesem Punkt sollte das Yantra-Bild lebhaft werden und ein gesamtes Bild des Partners entstehen:

Der Mann stellt sich die Vagina der Frau vor, wie sie sich öffnet und seinen Penis tief in sich aufnimmt.

Wenn dieses Bild gestaltet ist, sollten die Partner mit dem Kontroll-Mantra beginnen und ihre Augen öffnen. Das bewirkt ein Wiederaufleben der sexuellen Erregung. Diese Stellung wird während einer dreimaligen Wiederholung des Kontroll-Mantra beibehalten, und die Partner schauen dabei auf die Genitalien des anderen. Dann werden die Augen geschlossen und das Kanalisierungs-Mantra und -Yantra verwendet.

Danach umarmen sich die Partner und vollziehen den Liebesakt, wie immer sie wollen, mit völliger Freiheit und Freude. Die erhöhte Erregung, die dieses Ritual bewirkt hat, kann nun genossen werden.

Wenn sich das Paar danach in den Armen liegt, um zu schlafen, sollte nicht vergessen werden, daß jetzt machtvolle Energien im Unterbewußtsein arbeiten.

Der tantrische Meister sprach:

»Frau und Mann gewannen ihre Freude aus den Zentren der Lust, die ein jeder im anderen erlebte. Ein jeder hat abwechselnd gegeben und empfangen; und so erfährt die Kette der Lust keine Unterbrechung; die Energie ist erschaffen, ist gewachsen; die Macht über das Universum ist erlangt.

In der rituellen Lobpreisung Kalis wird der Mann danach trachten, seine gewaltigen Kräfte um der Lust willen zu beherrschen, und seinen Geist und Körper weiht er der Aufgabe, der Frau Lust zu geben.

Gleicherweise wird die Frau in der rituellen Form der Lobpreisung Mahakalas alle Energie und Fähigkeit zur unbegrenzten Lust an sich selbst unter Kontrolle nehmen und ihren Geist und Körper der Aufgabe weihen, dem Manne Lust zu geben.«

Wieder wird das Mahl bereitgestellt, und jeder trinkt etwas Wein.

Nachdem der Mann sein Glas geleert hat, beginnt er sich zu entkleiden, während die Frau ihm zusieht. Wenn er völlig nackt vor ihr steht, schließt er die Augen. Dann beginnt er mit dem Wahrnehmungs-Ritual: die Fingerspitzen an die Lippen, dann Lockern der Arme; dann die Fingerspitzen an jeder Brustwarze und Anwendung von Druck; dann Verharren der Fingerspitzen auf dem Bauch und Niedergleiten zum Penis, den er mit den Fingern umfaßt und in der beim Wahrnehmungs-Ritual üblichen Weise drückt. Bei alledem hält er das Bild seines Tuns im Geist fest und spricht bei jedem Teil seines Körpers, den er berührt, das Wahrnehmungs-Mantra.

Seine Partnerin betrachtet jede Bewegung aufmerksam und achtet vor allem auf die Art und Weise, wie der Mann das vom Ritual vorgeschriebene Berühren der verschiedenen Teile seines Körpers vornimmt.

Dann entkleidet sich die Frau, wobei sie jedes Kleidungsstück langsam auszieht. Der Mann sieht ihr sitzend zu.

Wenn sie nackt vor ihm steht, schließt sie fest die Augen. Sie beginnt mit dem Wahrnehmungs-Ritual und berührt zuerst mit den

Fingern ihre Lippen; dann beide Brüste und Brustwarzen; dann den Bauch; dann gleiten die Finger langsam abwärts und vollziehen das rituelle Berühren der Klitoris. An jedem Punkt verharrt die Frau lange genug, um einmal das Wahrnehmungs-Mantra zu sprechen; während des ganzen Rituals hält sie das Yantra ihres Tuns im Geist fest.

Beide Partner sollten das Wahrnehmungs-Ritual oft genug praktiziert haben, um es langsam vollziehen, das Bild aufrechterhalten und das Mantra ohne Zögern rezitieren zu können. Es sollte keine Befangenheit aufkommen, weil der Partner zuschaut. Der Zweck dieses Teils der Übung ist, alle Hemmungen zwischen den Partnern zu beseitigen, wie auch eine neue Dimension ihrer Wahrnehmungsfähigkeit zu erschließen.

Wenn die Frau das Ritual der Erweckung vollzogen hat, umarmen und küssen sie sich; die Berührung ihrer Lippen und ihrer Körper ist der einzige Kontakt zwischen ihnen.

Wie in der vorangegangenen Nacht gehen sie jetzt ins Bad.

Die tantrischen Texte geben eindeutig zu verstehen, daß das Baden ein Teil dieser Übungen ist. Aber der Nachdruck liegt auf dem Baden der Genitalien (einschließlich Hüften und Anus) und der Brust.

Zum Beispiel kann die Wanne zu einem Drittel gefüllt werden, und Mann und Frau knien abwechselnd im warmen Wasser, während der Partner Brust und Genitalien mit einem warmen Seifenlappen wäscht und ihn abtrocknet. Man kann auch gemeinsam duschen, einander waschen und einander dann abtrocknen.

Nach dem Bad gehen beide *gemeinsam* ins Schlafzimmer.

Das Schlafzimmer sollte wieder, wie schon empfohlen, beleuchtet sein. Das Tantra verabscheut die Dunkelheit und den Verlust des Gesichtssinnes und der daraus gewonnenen Empfindungen.

Nun legt sich der Mann in der Haltung des Wahrnehmungs-Rituals auf das Bett, die Knie auseinander, die Fußsohlen zusammen, die Hände auf dem Bauch gefaltet.

Die Frau setzt sich passiv an das Fußende des Bettes, so daß sie ihm dabei zuschauen kann.

Die Frau sollte mit stiller, konzentrierter Aufmerksamkeit jeder

Bewegung des Mannes folgen und dabei vor allem genau die Art und Weise beachten, wie er sich berührt.

Der Mann schließt fest die Augen und beginnt, für sich das Wahrnehmungs-Mantra zu sprechen, wobei er in seinem Geist ein lebendiges Bild seiner selbst entstehen läßt, wie immer bei dieser Übung. Das Bild muß deutlich sichtbar sein, dann beginnt der Mann folgendermaßen:

Er faltet zuerst die Hände über dem Bauch. Dann berührt er seine Lippen. Yantra und Mantra werden bei dieser wie bei allen weiteren Bewegungen im Geist aufrechterhalten. Dann liegen die Hände wieder auf dem Bauch. Als nächstes werden mit Daumen und Zeigefinger die Brustwarzen leicht gerollt. Wieder kehren die Hände zum Bauch zurück, gleiten dann abwärts durch das Schamhaar, umfassen den Penis und drücken auf die Penisbasis. Wenn die Hände wieder auf dem Bauch liegen, wird das Wahrnehmungs-Mantra dreimal gesprochen. Danach wird das Ritual wiederholt. Dies ist eine Abweichung vom Konzentrations-Ritual, in dem üblicherweise die zweite Phase nur in der Vorstellung besteht. Diesmal berühren Daumen und Zeigefinger tatsächlich noch einmal die Lippen, die Brustwarzen, den Bauch und den Penis.

Nach dem Druck auf den Penis wird das Mantra noch einmal gesprochen, während die Zeigefinger nach unten gleiten und dem Umriß des Penis bis zu seiner tiefsten wahrnehmbaren Basis im Hodensack folgen und eben genügend Druck ausüben, um ein Lustgefühl zu erzeugen. Dann wird das Perinäum berührt, wo der Druck wiederholt wird. Die Fingerspitzen werden zu den rektalen Muskeln geführt und dort wird nach innen Druck ausgeübt. Anschließend wird noch einmal die Penisbasis umfaßt und gedrückt. Daraufhin kehren die Hände zum Bauch zurück, und drei Wahrnehmungs-Mantras werden gesprochen. Die Augen werden geöffnet, das Ritual ist beendet.

An dieser Stelle sollte kein Gespräch stattfinden. Die Konzentration auf das Ritual selbst sollte den Vorrang haben.

Jetzt legt sich die Frau auf das Bett und nimmt dieselbe Haltung ein: die Hände über dem Bauch gefaltet, die Knie auseinander, die Fußsohlen gegeneinander.

Die Augen sind fest geschlossen, das Mantra wird wiederholt und das Yantra aufgebaut. Das sollte ganz ohne Eile geschehen. Jede Facette des Bildes muß sichtbar sein, ehe das Ritual beginnt.

Der Mann sitzt passiv und schweigend am Fußende des Bettes. Jetzt führt die Frau ihre Finger an die Lippen und kehrt dann mit den Händen zum Bauch zurück.

Die Hände berühren die Brustwarzen, rollen sie auf angenehme Weise und kehren dann zum Bauch zurück.

Die Hände gleiten langsam abwärts durch das Schamhaar, über den Venushügel und verharren auf der Vagina. Die Daumen öffnen langsam die Schamlippen, und die Zeigefinger drücken gegen die Klitoris. Danach liegen die Hände wieder auf dem Bauch, und das Wahrnehmungs-Mantra wird dreimal wiederholt.

Dann wird das Ritual noch einmal wiederholt. Finger an die Lippen; dann an die Brustwarzen; dann zum Bauch; dann über den Venushügel zur Vagina; die Daumen öffnen die Schamlippen, die Zeigefinger drücken gegen die Klitoris.

Danach kehren die Hände nicht zum Bauch zurück, sondern liegen locker auf der Vagina. Die Zeigefinger gleiten abwärts, bis sie das Perinäum berühren und darauf drücken. Sie kehren dann zur Vagina zurück, öffnen die Schamlippen und drücken gegen die Klitoris. Die Hände entspannen sich wieder auf der Vagina.

Das Wahrnehmungs-Mantra wird gesprochen, und die Hände gleiten über das Perinäum und üben Druck auf die rektalen Muskeln aus. Dann kehren die Hände zur Vagina zurück, öffnen die Schamlippen und drücken gegen die Klitoris. Schließlich liegen die Hände wieder auf dem Bauch, und das Wahrnehmungs-Mantra wird dreimal wiederholt.

Nachdem nun beide das Wahrnehmungs-Ritual vollzogen haben, setzen sie sich wieder an den Tisch und sprechen das Wahrnehmungs-Mantra. Sie trennen sich dann, begeben sich in verschiedene Zimmer und vollziehen nun getrennt voneinander noch einmal das Wahrnehmungs-Ritual. Dann folgt das Kontoll-Ritual: man stimuliert sich bis zum Orgasmus und hält ihn dann zurück.

Ist die Kontrolle erlangt, folgt das Kanalisierungs-Ritual.

Nach Beendigung des Kanalisierungs-Rituals begeben sich

beide Partner wieder an den Tisch und können nun das vorbereitete Mahl einnehmen. Um die Kontrolle aufrechtzuerhalten, werden das Kontroll-Mantra und das Kontroll-Yantra benützt. Um die Kanalisierung zu verstärken, sollte auch das Kanalisierungs-Mantra und -Yantra verwendet werden.

Wenn etwa fünfundvierzig Minuten vergangen sind, setzen sich die Partner wie am Abend zuvor einander in der kontemplativen Haltung des Tantra gegenüber – die Knie der Frau angewinkelt, die Füße flach auf dem Boden, die Beine gespreizt. Der Mann setzt sich ihr gegenüber, seine Füße liegen zu beiden Seiten ihres Gesäßes; beider Hände liegen auf den Kniescheiben des anderen.

Nun konzentrieren sich beide auf die Genitalien des anderen, wobei zweimal das Wahrnehmungs-Mantra gesprochen wird.

Die Frau nimmt dann ihre Hände von dem Knien des Mannes, lehnt sich aus der Hüfte vor und ergreift die Genitalien des Mannes. Mit nach oben gerichteten Handflächen legt sie Zeigefinger und Daumen um die Basis von Penis und Hodensack. Die Zeigefinger schieben sich unter die Basis des Hodensacks und die Daumen schließen sich oben um den Penis. Dann schließen sich auch die Hände und halten Penis und Hodensack dazwischen fest, wobei sie gerade nur so viel Druck auf die Organe ausüben, daß es dem Partner ein angenehmes Gefühl gibt.

Daraufhin spricht der Mann das Wahrnehmungs-Mantra und spannt dabei die Muskeln in seinen Leisten in der Weise an, wie es in der yantrischen Körperübung ausgeführt ist, ganz so, wie er es macht, wenn er allein übt. Noch einmal spricht er während des Anspannens das Wahrnehmungs-Mantra und schließt fest seine Augen, um eine Vorstellung der Muskelanspannung, der »Röhren« und des »Füllens« entstehen zu lassen, seine Augen bleiben geschlossen.

Dann entspannt er die Muskeln. Die Bewegung der Kontraktion entsprechend der Vorstellung sollte für die Frau gut spürbar sein, und sie sollte ihm sagen, daß sie es fühlt. Der Mann öffnet die Augen *nicht*. Er wiederholt das Anspannen der Muskeln, die Vorstellung und das Mantra, wobei er die Muskeln so lange gespannt läßt, wie es ihm angenehm ist. Und ein drittes Mal spannt der Mann die Muskeln an, hält das Vorstellungsbild aufrecht, die Augen geschlossen, und spricht das Mantra ein drittes Mal. Darauf entspannt er sich wieder.

Dann lockert die Frau die Zeigefinger unter den Hoden und läßt sie aufwärts gleiten, so daß ihre Finger und Daumen die Penisbasis umfassen. Sie verstärkt den Druck ein wenig und zieht ihre Hände, die den Penis umfassen, weg vom Körper des Mannes, vor bis zur Spitze des Penis. Dann kehren ihre Hände zu den Knien des Mannes zurück. Der Mann hat jetzt eine Erektion. Wenn er sehr heftig erregt ist, sollte er laut das Kontroll-Mantra sprechen, damit die Frau weiß, daß sie warten muß, bis er die Kontrolle wieder erlangt hat.

Die Frau sollte nur die vorgeschriebenen Handlungen ausführen – sie sollte nicht zusätzlich streicheln oder massieren.

Beide sprechen zweimal das Kontroll-Mantra, um ihre Kontrolle zu festigen.

Der Mann nimmt jetzt die rechte Hand von ihrem Knie und lehnt sich aus der Hüfte vor, während die Frau mit geschlossenen Augen passiv bleibt.

Sein rechter Daumen und Zeigefinger teilen die Schamlippen der Frau und sind darauf bedacht, die Klitoris nicht zu berühren oder zu stimulieren. Sind die Schamlippen geöffnet, führt er vorsichtig den rechten Zeigefinger in die Vagina ein, wobei die rechte Handfläche nach oben weist, Daumen und Finger zur Faust geschlossen, damit sie nicht im Wege sind. Der Mann hält seinen Finger ganz still und konzentriert sich auf das Fühlen der Kontraktion der vaginalen Muskeln.

Die Frau läßt dann ein Vorstellungsbild von diesem Ritual entstehen, als wenn sie es allein vollzieht. Dazu spricht sie das Wahrnehmungs-Mantra und spannt die vaginalen Muskeln an. Dann lockert sie die Muskeln wieder.

Der Mann sollte auch verbal ausdrücken, daß er die Bewegung der vaginalen Muskeln mit seinem Finger spüren kann.

Die Muskeln werden ein zweites Mal angespannt, die Vorstellung gefestigt und das Mantra gesprochen; dann wird die Spannung gelockert, nachdem sie so lange wie möglich aufrechterhalten wurde.

Es folgt ein drittes Mal – wieder wird die Muskelanspannung so lange wie möglich aufrechterhalten und vom Yantra und Mantra begleitet.

Nachdem die Frau sich wieder entspannt hat, zieht der Mann seinen Finger aus der Vagina, wobei er leichten Druck nach oben ausübt. Dabei gleitet der Finger über die Klitoris. Dann kehrt die Hand ohne Zögern zum Knie der Partnerin zurück.

Sofern einer der Partner während dieses Rituals in zu heftige Erregung kommt, soll sie oder er augenblicklich das Kontroll-Mantra sprechen und sich völlig auf das Kontroll-Yantra konzentrieren.

Wenn dieses Ritual in der kontemplativen Haltung ausgeführt wird, nachdem das Kontroll-Ritual allein vollzogen wurde und die geforderte Stunde vergangen ist, so fördert dieses Ritual die Wahrnehmung; die Muskelkontraktionen des Rituals werden »geteilt«; und ein weiterer Aspekt der Kontrolle, des Schlüssels zum Tantra, ist erlangt.

Nachdem dieses kontemplative Ritual vollendet ist, sollte das Paar zu Bett gehen, um einander und die erhöhte Wahrnehmungsfähigkeit füreinander zu genießen, ohne an irgend etwas anderes als an die gemeinsame Lust zu denken.

Und auch dieses Mal sollten beide wieder das Kanalisierungs-Mantra und -Yantra mit in den Schlaf nehmen und so den großen Schatz von Energie und Konzentration nutzen, den sie angesammelt haben.

Auch wenn der tantrische Meister während der sieben Nächte des Tantra nicht körperlich anwesend ist, so ist doch seine Anwesenheit während der Rituale spürbar.

Der tantrische Meister spricht die Emotionen, den Körper und den Geist an.

Das Band des Tantra zwischen Mann und Frau wird durch die Rituale geschaffen. Wie der tantrische Meister sagt:

»Fragt nicht danach, ob andere die Begegnung eurer Körper in der Lust verstehen, oder ob sie die Begegnung eures Geistes verstehen. Diejenigen, die keine Erfahrung haben, können es nicht wissen. Versucht nichts zu erklären, denn die Worte werden euch im Stich lassen. Öffnet statt dessen euren Körper, euer Denken, eure Gefühle und euren Geist nur für jene, die ebenfalls die Erfahrung des Rituals gemacht haben. Diese werden verstehen. Und euer Miteinanderteilen des Wissens durch den Austausch der Worte mit anderen Tantrikern kann dazu dienen, weiteres Verstehen in euch selbst anzuregen.«

Das Arrangement für dieses Ritual ist dasselbe wie in den vorangegangenen Nächten. Das Paar trifft sich am Tisch und trinkt etwas von dem bereitgestellten Wein.

Ist das Glas geleert, so steht der Mann auf und zieht sich langsam seine Kleider aus, wobei die Frau ihm zuschaut. Dann zieht sich die Frau ebenfalls langsam aus, wobei ihr der Mann zuschaut. Sie umarmen und küssen sich und gehen ins Bad, wo sie sich wie in den Nächten zuvor gegenseitig waschen. Dann gehen beide zum Tisch zurück und bleiben dort für ein paar Minuten still sitzen.

Schließlich nehmen sie wieder die kontemplative Haltung des Tantra ein. Mit den Händen auf den Knien des anderen sprechen sie dreimal das Wahrnehmungs-Mantra.

Die Frau lehnt sich auf der Hüfte vor umfaßt den Penis und die Hoden des Mannes wie in der vergangenen Nacht im kontemplativen Teil des Rituals. Wenn Sie die Genitalien des Mannes mit ihren Fingern umfaßt hat und in den Händen hält, sagt

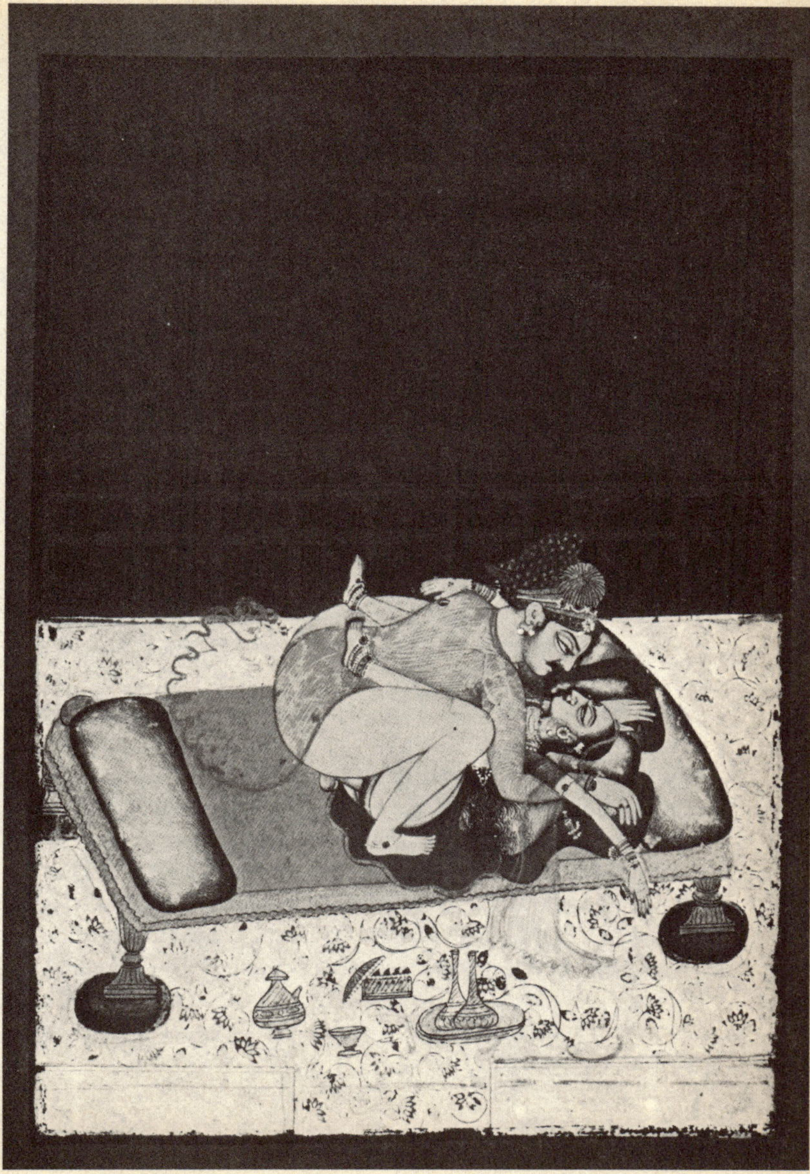

die Frau: »Ich bin bereit.«

Dann führt der Mann das Ritual weiter wie in der vorangegangenen Nacht: drei Kontraktionen, bei denen die Frau jeweils sagen sollte, daß sie es spürt, wenn die Spannung gelockert wird. Nach der dritten Kontraktion zieht die Frau ihre Hände, Finger und Daumen, mit Druck am Penis entlang bis zur Eichel. Dann nimmt sie ihre Hände zu seinen Knien zurück.

Dann wird das Mantra dreimal wiederholt, und der Mann lehnt sich nach vorn und führt seinen rechten Zeigefinger langsam in die Vagina der Frau ein, genau wie in der vorigen Nacht.

Wenn der Zeigefinger seinen Platz eingenommen hat und die anderen Finger seiner Hand »eingerollt« sind, um eine Berührung anderer Bereiche der Vagina zu vermeiden, spannt die Frau ihre Muskel dreimal an, und nach jeder Lockerung sagt ihr der Mann, daß er sie spürt.

Nach der dritten Kontraktion zieht der Mann seinen Finger zurück, drückt leicht nach oben auf die Klitoris und kehrt mit seinen Händen zu ihren Knien zurück.

Ist dieses Ritual beendet, so kehrt das Paar an den Tisch zurück und verhält sich für ein paar Minuten ruhig, richtet seine Aufmerksamkeit auf das Mantra und ruft sich die Teile dieses Rituals ins Gedächtnis zurück.

Dann stehen beide auf, umarmen und küssen einander und gehen ins Schlafzimmer.

Der Mann legt sich jetzt auf das Bett und nimmt die Haltung des Wahrnehmungs-Rituals ein, die Hände über dem Bauch gefaltet, die Knie auseinander, die Fußsohlen gegeneinander. Er schließt die Augen und läßt ein Bild seiner selbst entstehen, während er das Wahrnehmungs-Mantra spricht. Die Frau sitzt am Fußende des Bettes, genau zu Füßen des Mannes. Während dieses Rituals sollte sie sich nicht bewegen und weder den Mann noch sich selbst berühren.

Der Mann vollzieht nun das Wahrnehmungs-Ritual mit folgenden Abweichungen:

Er führt seine Hände vom Bauch zu den Lippen, hält das Yantra fest, spricht das Mantra und kehrt mit den Händen zum

Bauch zurück.

Er führt seine Hände zu den Brustwarzen, spricht das Mantra, rollt die Brustwarzen mit lusterzeugendem Druck, hält das Yantra im Geist fest, wiederholt das Mantra und kehrt dann mit seinen Händen zum Bauch zurück.

Er läßt die Hände abwärts durch das Schamhaar zum Penis gleiten. Seine Finger und Daumen umschließen die Penisbasis und verengen sich, während er das Yantra festhält und das Mantra spricht. Seine Finger gleiten an der Penisbasis abwärts bis zur tiefsten spürbaren Wurzel innerhalb des Hodensacks, wo er Druck ausübt, das Yantra festhält und ein Mantra spricht.

Seine Hände entspannen sich auf den Genitalien. Seine Finger gleiten um die Hoden abwärts und berühren mit Druck das Perinäum; er behält das Yantra im Geist und spricht zwei Mantras.

Seine Hände entspannen sich auf den Genitalien. Seine Finger gleiten abwärts über das Perinäum zum Schließmuskel des Rektums; er übt nach innen Druck aus, hält das Bild fest und spricht zweimal das Mantra.

Seine Hände entspannen sich auf den Genitalien. Seine Hände gleiten aufwärts zur Penisbasis; Finger und Daumen umfassen den Penis; er übt Druck aus, wobei er zwei Mantras spricht und das Vorstellungsbild festhält.

Nach den Mantras wird der Druck um den Penis beibehalten, und die Daumen und Finger, die den Penis umschließen, werden nach oben gezogen, bis über die Eichel, und zurück.

Dann kehren die Finger und Daumen sofort zur Penisbasis zurück, umschließen sie wieder, drücken, gleiten zur Spitze und kehren zur Basis zurück.

Dies wird wiederholt, bis eine Erektion erreicht ist. Dann beginnt der Mann zu masturbieren, wie er es allein im Kontroll-Ritual getan hat.

Er ist sich natürlich bewußt, daß die Frau ihn beobachtet. Um so mehr muß er sein Yantra aufrechterhalten und danach trachten, genauso zu masturbieren, wie er es tut, wenn die Frau nicht dabei ist. Er muß unbedingt seine Stellung auf dem Bett beibehalten, die Augen geschlossen, auf das Yantra und das

Mantra konzentriert.

Die Frau sollte, ohne sich zu bewegen, genau die Bewegungen der Hände des Mannes beim Masturbieren beobachten.

Der Mann darf sich auf keinen Fall durch die Anwesenheit der Frau ablenken lassen. Er sollte weder befangen sein noch die Kontrolle verlieren. Denn es ist schließlich der Zweck der Übung, noch vorhandene Rückstände von Befangenheit und Hemmungen zu beseitigen und weitere Kontrollkräfte zu erlangen.

Der Mann fährt fort zu masturbieren, bis er den Orgasmus kommen fühlt. Dann muß er augenblicklich aufhören und seine Hände zum Bauch zurücknehmen; er wiederholt das Kontroll-Mantra und konzentriert sich auf das Kontroll-Yantra mit den »geschriebenen Worten«, bis er die Kontrolle erlangt hat.

Der Mann wird jetzt das heftige Verlangen haben, die Frau an sich zu ziehen und mit ihr zu schlafen. Und vermutlich hat das Ritual auf die Frau dieselbe Wirkung; das Stimulieren hat beide erregt, und sie wird wünschen, sich selbst und den Mann zu befriedigen.

Aber *Kontrolle* ist der Schlüssel!

Und die Kontrolle muß erlangt und aufrechterhalten werden. Er muß das Kontroll-Mantra und -Yantra mit aller Kraft der Konzentration einsetzen. Sobald er die Kontrolle fühlen kann, geht er vom Kontroll-Mantra und -Yantra zum Kanalisierungs-Mantra und -Yantra über und macht vollen Gebrauch von dieser konzentrierten Kraft, um die Energie in andere Bereiche zu lenken.

Abwechselnd kann er auch das Kontroll-Mantra und -Yantra wiederholen. Um die Kontrolle ungestört aufrechterhalten zu können, sprechen Mann und Frau jetzt nicht miteinander.

Wenn der Mann das Bett verlassen hat, steht die Frau langsam auf und legt sich ihrerseits in der beschriebenen Haltung auf das Bett, um das Wahrnehmungs-Ritual zu vollziehen.

Sie schließt die Augen und formt im Geist dasselbe Yantra, als ob sie das Ritual allein vollziehe. Sie muß alle ihre Kräfte der Konzentration einsetzen, um das Bild zu festigen und aufrechtzuerhalten, damit sie von der Anwesenheit des Mannes nicht abgelenkt wird.

Der Mann verhält sich still und passiv am Fußende des Bettes. Auch wenn er sich unter Kontrolle hat, haben sich in ihm doch gewaltige Energien aufgebaut, als er sich an den Rand des Orgasmus brachte. Aus diesem Grund wird sein Beobachten der Frau während dieses Rituals sehr erregend auf ihn wirken, und es wird sich vielleicht als nötig erweisen, daß er gelegentlich die Augen schließt, das Kontroll-Yantra erzeugt und im stillen das Kontroll-Mantra spricht, damit er die Kontrolle nicht verliert. Unter keinen Umständen darf er die Frau oder sich selbst während des Rituals berühren.

Die Frau festigt in ihrer Haltung auf dem Bett mit aller Kraft das Yantra in ihrem Geist, spricht das Wahrnehmungs-Mantra und führt das Wahrnehmungs-Ritual und das Kontroll-Ritual mit folgenden Abweichungen aus:

Sie führt ihre Hände vom Bauch zu den Lippen, berührt sie leicht, spricht einmal das Mantra, hält das Yantra fest und kehrt mit den Händen zum Bauch zurück.

Als nächstes führt sie ihre Hände zu den Brüsten; ihre Finger gleiten über jede Brust, ergreifen die Brustwarzen und rollen sie sanft; sie spürt die warme Erregung, während sie das Mantra zweimal spricht und dabei das Yantra festhält. Dann legt sie ihre Hände wieder auf den Bauch.

Daraufhin gleiten ihre Hände langsam über den Bauch abwärts, durch das Schamhaar, über den Venushügel und liegen auf der Vagina. Ihre Daumen öffnen die Schamlippen, und die Zeigefinger drücken gegen die Klitoris; dabei spricht sie zwei Mantras. Dann entspannt sie ihre Hände wieder. Sie führt ihre Hände nach unten, bis Fingerspitzen das Perinäum berühren. Ihre Finger drücken auf das Perinäum, und sie spricht zweimal das Mantra.

Wieder entspannt sie ihre Hände auf der Vagina. Die Hände bewegen sich abwärts über das Perinäum zu den Muskeln am Eingang des Rektums. Ihre Finger üben Druck auf die rektale Öffnung aus. Das Mantra wird zweimal gesprochen.

Sie kehrt mit den Händen zur Vagina zurück, und ihre Daumen öffnen die Schamlippen so weit wie möglich, während die Finger gegen die Klitoris drücken.

Dann beginnt sie mit Fingern und Daumen zu masturbieren, als ob sie das Kontroll-Ritual allein ausführe.

Die Frau wird sich natürlich bewußt sein, daß der Mann sie beobachtet, und sie muß versuchen, genau so zu masturbieren, wie sie es üblicherweise zu tun pflegt. Sie muß die Haltung mit geschlossenen Augen auf dem Bett beibehalten und das Vorstellungsbild und das Mantra benützen.

Der Mann sollte, ohne sich zu bewegen, die Bewegungen der Hände der Frau aufmerksam beobachten, wenn sie masturbiert. Er braucht sich nicht mit ihren Phantasiebildern zu befassen, sondern nur mit der Art und Weise, wie sie sich berührt und massiert, um sich näher und näher an den Orgasmus heranzubringen.

Die Frau sollte in der Anwesenheit des Mannes weder befangen sein noch die Kontrolle verlieren. Sie soll mit dem Masturbieren fortfahren, bis sie den Orgasmus kommen fühlt. Dann muß sie sofort aufhören und vom Yantra der Masturbation und dem Wahrnehmungs-Mantra zum Kontroll-Yantra übergehen und das Kontroll-Mantra, während sie es spricht, auf die schwarze Leere ihres Yantra »schreiben«.

Ihre Hände liegen wieder auf dem Bauch.

Sie wird jetzt vermutlich das heftige Verlangen haben, den Mann an sich zu ziehen und mit ihm zu schlafen. Und der Mann wird dasselbe Verlangen haben.

Doch die *Kontrolle* ist der Schlüssel.

Und die Kontrolle muß von der Frau jetzt ebenso aufrechterhalten werden wie zuvor vom Mann. Die Frau muß sich vom nahe bevorstehenden Orgasmus zurückziehen und alle Konzentrationskräfte des Yantra und Mantra einsetzen, um die Kontrolle aufzubauen.

Sobald die Frau die Kontrolle erlangt hat, sollte sie vom Kontroll-Mantra und -Yantra zum Yantra und Mantra der Kanalisierung übergehen und Gebrauch machen von der großen Kraft, die sie in sich erzeugt hat. Sie kann abwechselnd das Kontroll-Mantra und -Yantra einerseits und das Kanalisierungs-Mantra und -Yantra andererseits benützen und auf diese Weise die Kontrollenergie voll ausnützen.

Wenn die Frau fühlt, daß sie sich völlig unter Kontrolle hat und die Kanalisierung beendet ist, kann sie die Augen wieder öffnen.

Wenn sie und der Mann einander in diesem aufgeladenen Zustand ansehen, müssen sie mit der Kontrollübung fortfahren, um jegliches Verlangen nach Berührung oder Stimulierung zu überwinden. Deshalb sollte auch nicht miteinander gesprochen werden.

Jetzt können das Yantra und Mantra der Kontrolle und das Yantra und Mantra der Kanalisierung nach Wunsch angewendet werden.

In dieser Nacht muß die Ein-Stunden-Regel in ganzem Umfang eingehalten werden. Wenn sich jeder der Partner der Kontrolle sicher ist, können sie wieder miteinander sprechen und den bereitgestellten Imbiß einnehmen.

Bei allen Gesprächen sollte Offenheit über das, was gedacht und empfunden wurde, herrschen. Wenn die Erregung und das Verlangen plötzlich wieder aufflammt, wird sofort das Kontroll-Mantra und -Yantra verwendet. Wenn einer von beiden den anderen plötzlich die Augen fest schließen sieht, so sollte ihm klar sein, daß die Kontrolle aufgebaut wird; und er sollte so lange schweigen, bis der andere die Kontrolle wieder erlangt hat. Dies sollte ein Teil des tantrischen Bandes zwischen den Partnern sein, die fest geschlossenen Augen als Signal zu erkennen, daß der andere mit Mantra und Yantra arbeitet.

Der Zweck dieses Rituals ist offensichtlich:

1. Befangenheit abzulegen. Der Akt der Masturbation wird üblicherweise allein vollzogen. Indem die Partner einander bei sehr privaten Handlungen zusehen, haben sie einen weiteren Rest von Zurückhaltung und Befangenheit abgelegt.

2. Befreiung von Hemmungen. Es mag sich als schwierig erwiesen haben, die Masturbation unter Beobachtung auszuführen, vor allem dann, wenn der Partner noch nie zuvor dabeigewesen ist. Beim Masturbieren bis zur Grenze des Orgasmus in Gegenwart des anderen sind sicher große Hemmungen abgebaut worden. Deshalb sollte das Kommen des Orgasmus nie geheuchelt werden. Es muß in Wirklichkeit erlebt werden, oder die

tantrische Absicht wird zunichte gemacht.

3. Kontrolle. Kontrolle von beiden Partnern; Kontrolle durch konzentriertes Yantra, obwohl der Partner anwesend ist und zuschaut; Kontrolle des Orgasmus unter diesen schwierigen Umständen; Kontrolle, um den anderen nicht zum sexuellen Akt zu animieren.

4. Wahrnehmung. Wahrnehmung unterschiedlicher Art: Wahrnehmung dessen, wie der Partner stimuliert werden will; wie er oder sie sich berührt, streichelt, massiert und erregt. Mit diesem Wissen sind beide in der Lage, bessere Liebespartner füreinander zu sein.

Diese vier Aspekte sollten offen besprochen werden. Offenheit und Aufrichtigkeit wird zu größerer geistiger und emotionaler Wahrnehmung dessen führen, was die Partner körperlich schon längst erfahren haben. Dies ist das Tor, durch das alle Paare vom Tantra geführt werden – das Öffnen des Weges für die Kommunikation über alle Facetten der Sexualität; das Hinführen zur Kommunikation über die begleitenden Emotionen; und die Führung auf dem Weg zu größerem geistigen und spirituellen Verständnis zwischen den Partnern bis zur Koordination der Kanalisierungsbemühungen. Die sexuelle Beziehung des Paares wird neue Ebenen der Ekstase und der Vereinigung erreichen.

Das Band, das durch Tantra geschaffen wird, ist ein Band besonderer Art. Es existiert innerhalb der Tantriker, und man darf kaum erwarten, daß es von jenen, die niemals das Miteinanderteilen und die Offenheit der Wege des Tantra oder die Kontrolle, die sie möglich macht, erlebt haben, verstanden oder gewürdigt wird.

Nach Ablauf der Stunde ist es dem Paar freigestellt, das Liebesspiel miteinander zu vollziehen. Und wie in jeder Nacht sollte das Kanalisierungs-Yantra und -Mantra eingesetzt werden, wenn Körper und Geist entspannt sind und sich das Paar in Schlaf sinken läßt.

Die Kanalisierung kann das morgendliche Erwachen so erregend machen wie das Liebesspiel in der Nacht zuvor.

Die Schüler fragten den tantrischen Meister:

»Liegt nicht das Ziel, das du uns gesetzt hast, außerhalb unserer Reichweite?«

Und der tantrische Meister antwortete:

»Da ihr euch durch die Rituale, die ihr vollzogen habt, eures tantrischen Wesens bewußt geworden seid, könnt ihr euch auch des Wesens jenes Tantrikers bewußt werden, der eure Lust teilt.

Und da ihr euch bemüht habt, durch die Rituale die Lust eures Körpers zu beherrschen, werdert ihr nun zum Instrument, mittels dessen der Tantriker, der eure Wahrnehmung und Lust mit euch teilt, die Lust steigert und sie beherrscht.

Wäre das Ziel leicht zu erreichen, so hätte es wenig Wert. Es ist die Beherrschung der Lust, die eure Lust vervielfachen wird.

Und es ist die Steigerung der Lust und ihre Kontrolle, die jeden Schritt kennzeichnet auf dem Weg zur vollkommenen Beherrschung des Lebens und des Universums.«

Der Weg wird schwerer mit diesem Ritual. Das Arrangement ist dasselbe wie in den vorangegangenen Nächten. Wieder trinkt das Paar von dem bereitgestellten Wein, und die Frau entkleidet sich langsam vor den Augen des Mannes. Dann setzt sie sich, und der Mann entkleidet sich ebenfalls.

Wenn sie nackt sind, umarmen und küssen sie einander und gehen ins Badezimmer.

Das nun schon geläufige Ritual wird vollzogen. Nach dem Bad sollte sich das Paar an den Tisch setzen und sich einige Minuten ausruhen.

Dann wird die kontemplative Haltung des Tantra eingenommen, und die Hände werden auf die Knie des anderen gelegt.

Sie sprechen drei Wahrnehmungs-Mantras.

Dann nimmt die Frau ihre Hände von seinen Knien, lehnt sich vor und umschließt den Penis und die Hoden des Mannes wie in der vorangegangenen Nacht.

Der Mann vollzieht wieder die Muskelkontraktionen. Nach der

dritten Kontraktion gleiten die Hände der Frau, die noch immer den Penis umschließen, den Penisschaft entlang bis vor zur Eichel, geben den Penis frei und kehren zu seinen Knien zurück.

Es werden drei Wahrnehmungs-Mantras gesprochen, und dann nimmt der Mann seine rechte Hand von ihrem Knie, lehnt sich vor und führt seinen Zeigefinger in ihre Vagina ein.

Nun führt die Frau wieder ihr Muskelkontraktionen in der gleichen Weise wie in der vorangegangenen Nacht aus.

Nach der dritten Kontraktion zieht der Mann seinen Finger aus der Vagina, läßt ihn mit leichtem Druck über die Klitoris gleiten und kehrt mit der Hand zu ihrem Knie zurück.

Anschließend legt sich die Frau in der Wahrnehmungshaltung auf das Bett, die Knie auseinander, die Fußsohlen in Berührung miteinander, die Hände über dem Bauch gefaltet.

Der Mann setzt sich neben sie auf das Bett, sein Gesäß nahe bei ihrem Leib. Sein Körper sollte aber keinen Kontakt mit dem der Frau haben. Er sitzt dem Kopfende des Bettes zugewandt und sieht auf ihre Brüste hinab, die Hände in den Schoß gelegt. Die Frau schließt fest die Augen. Sie spricht drei Wahrnehmungs-Mantras und richtet dann ihre gesamte Konzentration auf das Yantra der Wahrnehmung.

In diesem Ritual dürfen Mann und Frau *ausschließlich nur* das tun, was das Ritual vorschreibt. Der Mann betrachtet die Frau vor sich, die ihre Augen fest geschlossen hält. Er spricht zweimal das Wahrnehmungs-Mantra.

Dann hebt er langsam die Hände, legt beide Zeigefinger auf ihre Lippen und streicht sanft darüber, während er drei Mantras spricht.

Dann kehren seine Hände zum Schoß zurück (sie können in jeder Stellung ruhen, dürfen aber weder die Frau noch seine eigenen Genitalien berühren). Nun hebt der Mann wieder seine Hände, führt sie zu den Brüsten der Frau und umschließt jede der Brüste. Dann nimmt er mit Zeigefinger und Daumen jeder Hand die Brustwarzen und rollt sie sanft zwischen Zeigefingern und Daumen und spricht dabei drei Mantras. Danach kehrt er mit seinen Händen in die entspannte Haltung im Schoß zurück.

An diesem Punkt dreht sich der Mann, an der Seite der Frau sitzend und die Füße auf dem Boden, bis er dem Fußende des Bettes zugewandt ist und auf die Beine, die Scham und den Bauch der Frau hinabsieht.

Die Frau behält ihre Haltung bei, ohne sich zu bewegen. Sie spricht die Mantras, wenn er die angegebenen Teile ihres Körpers berührt, und sie hält das Bild ihrer selbst fest, und wie jeder entsprechende Teil ihres Körpers vom Mann berührt wird. Der Mann legt nun seine Hände auf die Hände der Frau, die auf ihrem Bauch ruhen. Dann gleitet er mit seinen Händen abwärts durch ihr Schamhaar, über den Venushügel und läßt sie zu beiden Seiten neben der Vagina liegen, wie er es die Frau im Wahrnehmungs- und Kontroll-Ritual tun sah.

Die Daumen des Mannes teilen die Schamlippen, und seine Zeigefinger drücken gegen die Klitoris und kneten sie leicht, während er zwei Mantras spricht. Dann läßt er die Hände wieder locker auf der Vagina liegen.

Der Mann spricht zwei Wahrnehmungs-Mantras. Dann läßt er seine Finger über die Schamlippen abwärts gleiten bis zum Perinäum, übt sanft mit den Spitzen der Zeigefinger etwas Druck aus und spricht zwei Mantras.

Wieder entspannt er seine Hände.

Nach zwei weiteren Mantras öffnet er mit den Daumen die Schamlippen. Seine Finger drücken wieder gegen die Klitoris.

Wenn er genau auf die Klitoris drückt, sollte die Frau sagen, daß sie es fühlt. Falls ihr seine Finger nicht ganz an der richtigen Stelle zu sein scheinen, sollte sie die Hand ausstrecken und die Finger des Mannes an den Punkt heranführen, an dem sie seinen Druck auf der Klitoris spüren möchte.

Der Mann sollte durch Fühlen und Sehen (vor allem aber durch Fühlen) feststellen, wo genau sich die Frau den Druck wünscht. Dies ist wichtig.

Danach entfernt er seine Finger von der Klitoris, läßt die Schamlippen los und legt seine Hände auf die Vagina.

Er spricht zwei Mantras.

Dann läßt er seine Hände an den Schamlippen abwärts und über das Perinäum gleiten, bis seine Fingerspitzen die Muskeln der rektalen Öffnung erreichen, wo er Druck ausübt, und drei Mantras spricht.

Wieder entspannt er seine Hände und läßt sie ruhig auf der Vagina liegen, während er zweimal das Mantra spricht.

Dann öffnet der Mann mit seinen Daumen die Schamlippen und drückt mit den Fingerspitzen gegen die Klitoris. Er spricht zweimal das Mantra, gleitet mit dem Zeigefinger seiner linken Hand ein kurzes Stück in die Vagina, und sein rechter Zeigefinger und Daumen massieren die Klitoris; er beginnt die Frau zu masturbieren und versucht, so gut wie möglich ihr Vorgehen zu imitieren, das er beobachten konnte, als sie selbst masturbierte. Der Mann darf *keine* anderen Manipulationen vornehmen als dieses Stimulieren der Frau. Kein anderer Teil seines Körpers sollte den ihren berühren, außer der Hände, die er braucht, um sie zu erregen. Die Frau muß sich auf das Vorstellungsbild ihrer selbst konzentrieren, wie sie vom Mann erregt wird. Sie wiederholt immer wieder das Wahrnehmungs-Mantra, während ihre Erregung sich steigert.

Die Frau darf ihre Hände nicht vom Bauch entfernen, bis sie den Orgasmus kommen fühlt. Steht er nahe bevor, so nimmt sie ihre rechte Hand vom Bauch, greift nach dem Arm des Mannes und geht zum Kontroll-Mantra und -Yantra über.

Wenn sie nach dem Arm oder der Schulter des Mannes greift, sollte dies mit Kraft geschehen, so daß sich ihre Finger in seine Haut graben, um ihm zu signalisieren, daß sie zum Kontroll-Mantra und -Yantra übergeht.

Der Mann sollte dann seine Hände *sofort* von der Vagina der Frau entfernen.

Dieses Signal wird noch in vielen anderen Bereichen des Tantra gebraucht werden. Und es *muß* vom anderen sofort respektiert werden.

Der Mann sollte ganz still sitzen, sobald die Frau ihm das Signal gegeben hat.

Er vermeidet jede weitere Berührung.

Und da der Mann die Vagina der Frau und ihre Erregung beobachtet hat, wird auch er sich in einem sexuell sehr erregten

Zustand befinden. Er sollte ebenfalls das Kontroll-Mantra sprechen und das Kontroll-Yantra benützen.

Dies ist einer der schwierigsten Stellen in den tantrischen Übungen. Der Mann und die Frau sind auf dem Höhepunkt intensiver sexueller Erregung, und der Wunsch, aus der Übung auszubrechen und sich dem Liebesspiel hinzugeben, mag fast übermächtig sein.

Aber das darf *nicht* geschehen!

Es ist die *Kontrolle*, die vielleicht hundertmal soviel Lust ermöglicht. Aber die Kontrolle muß erlangt und aufrechterhalten werden. Ohne die Kontrolle gibt es kein Tantra. Es verliert seinen Sinn, wenn die Kontrollen nicht gelernt wurden und Teil des Rituals geworden sind.

Es kann viel Zeit kosten, die Kontrolle zu erlernen. Gerade in der außerordentlich erregten Atmosphäre des Rituals ist es leicht möglich, daß die Kontrolle doch einmal verlorengeht. Geschieht dies, sollte das Ritual beendet und nach ein paar Stunden oder in der folgenden Nacht wiederholt werden.

Mit Hilfe des Kontroll-Mantra und -Yantra versucht die Frau wieder völlig die Kontrolle zu erlangen und wechselt dann das Kontroll-Mantra und -Yantra und das Kanalisierungs-Mantra und -Yantra miteinander ab, wodurch sie die Kontrolle stärken und zugleich die machtvollen Energien ihres Erregungszustandes in andere Bereiche leiten kann. Wenn die Frau mit dem Kontroll-Mantra und -Yantra beginnt, sollte der Mann sich erheben und sich etwas entfernt vom Bett aufhalten, um die Frau bei der Kontroll-Übung zu beobachten und zugleich seine eigenen Kontrolle aufzubauen; denn er soll ja jede Berührung oder weitere Stimulierung der Frau oder seine eigene vermeiden.

Sobald die Frau die Kontrolle erlangt und das Kanalisierungs-Mantra und -Yantra verwendet hat, sollte sie versuchen, sich auf dem Bett zu entspannen. Dann öffnet sie die Augen, setzt sich auf und erhebt sich vom Bett. Sie darf den Mann nicht berühren.

Jetzt legt sich der Mann auf das Bett, die Knie auseinander, die Fußsohlen in Berührung, die Augen geschlossen. Er spricht das Wahrnehmungs-Mantra dreimal und gestaltet das Bild seiner selbst, während die Frau an seiner rechten Seite auf dem Bett sitzt. Die Hände hält sie im Schoß gefaltet, und sie ist dem Kopfende des Bettes zugewandt, sie sieht also auf sein Gesicht und seine Brust hinab. Kein Teil des Körpers der Frau berührt den Mann. Da der Mann durch das Masturbieren der Frau bereits sehr erregt ist, wird seine Kontrolle diesmal besonders schwer sein.

Wenn der Mann sein Vorstellungsbild gefestigt hat, sagt er: »Ich bin bereit.«

Die Frau hebt ihre Hände und berührt mit ihren Fingerspitzen die Lippen des Mannes, streicht darüber und spricht zwei Mantras.

Dann kehrt sie mit ihren Händen in die entspannte Haltung im Schoß zurück und spricht zwei Mantras.

Als nächstes führt sie ihre Hände zu den Brustwarzen des Mannes und legt ihre Handflächen darauf. Dann ergreifen Daumen und Zeigefinger beider Hände die Brustwarzen und rollen sie sanft, während sie zwei Mantras spricht.

Sie nimmt dann ihre Hände wieder zum Schoß zurück.

Die Frau dreht sich jetzt um, so daß sie auf die Beine, den Bauch und die Genitalien des Mannes hinabschaut.

Sie legt ihre Hände mit den Handflächen nach unten auf die Hände des Mannes, die er auf seinem Bauch gefaltet hält.

Dann läßt sie ihre Hände abwärts durch das Schamhaar gleiten, umschließt mit Zeigefingern und Daumen den Penis und übt etwas Druck aus. Sie spricht drei Mantras; dann zieht sie die noch immer die Penisbasis umschließenden Finger von seinem Körper weg, den Schaft des Penis entlang bis zur Eichel. Wenn der Mann eine starke Erektion hat, nimmt sie die Penisspitze zwischen Daumen und Zeigefinger, drückt sie vorsichtig und beobachtet, daß sich der Penis etwas verkleinert. Dies wird die Empfindlichkeit der Eichel verringern und dem Mann die Kontrolle erleichtern. Dann läßt sie den Penis los.

Die Frau läßt ihre Hände zu beiden Seiten des männlichen Organs liegen und spricht zwei Mantras.

Ihre Finger gleiten jetzt nach unten bis zu seiner spürbaren »Basis« im Hodensack. Dort behält sie den Druck während zweier Mantras bei und läßt dann ihre Hände wieder entspannt zu beiden

Seiten des Penis und der Hoden liegen.

Nun gleiten ihre Finger abwärts, um die Hoden herum, unter sie und üben sanften Druck auf das Perinäum aus. Der Druck wird während zweier Mantras beibehalten; dann lockern sich die Hände, verharren aber an dieser Stelle, während zwei weitere Mantras gesprochen werden.

Wieder gleiten die Hände der Frau abwärts, bis ihre Fingerspitzen die Muskeln der rektalen Öffnung berühren. Die Finger drücken nach innen gegen die Schließmuskeln. Die Frau wiederholt dreimal das Mantra und läßt dann die Hände zurückgleiten und zu beiden Seiten des Penis liegen.

Sie spricht drei Mantras.

Dann umschließen die Daumen und Zeigefinger den Penis und gleiten den Schaft entlang.

Hier beginnt die Frau mit der Masturbation des Mannes, wobei sie so gut wie möglich die Bewegungen nachahmt, die sie beobachten konnte, als er sich selbst masturbierte.

Die Frau soll sich nicht verwirren lassen, wenn sich an der Penisöffnung ein Samentröpfchen bildet.

Das ist im Stadium starker sexueller Erregung üblich und bedeutet *nicht*, daß der Mann einen Orgasmus hat und ejakuliert. Dieses Samentröpfchen kann als natürliches Gleitmittel bei der Masturbation benützt werden.

Da sich der Mann schon vor dieser Übung in sehr erregtem Zustand befand, wird es nicht lange dauern, bis er nahe an den Orgasmus herankommt.

Sobald der Mann das Näherrücken des Orgasmus fühlt, sollte er dies der Frau dadurch deutlich machen, daß er fest nach ihrem Arm greift, um ihr damit das Signal zu geben.

Die Frau muß in dem Augenblick, da sie dieses Signal empfängt, sofort ihre Hände zurückziehen. Hier muß noch einmal betont werden, daß der Mann sich um absolute Kontrolle bemühen muß, das heißt, auch jegliches Verlangen überwinden, daß die Frau ihn weiter bis zum Orgasmus erregen möge. Im anderen Fall wird der Zweck der tantrischen Übung verfehlt.

Wenn der Mann das Näherrücken des Orgasmus fühlt, wie er es

von der Alleinübung her kennt, so muß er sofort der Frau das Signal geben und ihr gestatten, daß sie sich von ihm zurückzieht.

Er muß wieder mit dem Kontroll-Mantra und -Yantra beginnen, um die so wichtige Kontrolle aufzubauen.

Die Frau sollte sich jetzt entfernen und schweigend warten, bis der Mann die Kontrolle gefestigt hat. Der Mann sollte abwechselnd die Kontrolle und die Kanalisierung vornehmen, bis er sein Ziel erreicht hat. Erst dann kann er die Augen öffnen und vom Bett aufstehen.

Die Partner müssen vermeiden, den anderen zu berühren.

Sie gehen zum Tisch und nehmen dann das bereitgestellte Mahl ein. Je nach Bedarf wird das Kontroll-Mantra und -Yantra eingesetzt und die Bemühungen um Kontrolle müssen vom anderen respektiert werden.

Während des Essens sollte sich das Paar unterhalten, um sich von der inneren Erregung abzulenken. Nach Ablauf der Stunde ist eine der schwierigsten Übungen des Tantra vollendet, und das Paar kann sich nun dem Liebesspiel hingeben, wie immer es will. Die hochgradige Erregung, in die das Masturbieren und das Masturbiertwerden versetzt hat, wird eine unerhört gesteigerte Lust im Liebesspiel zur Folge haben.

Die eigene Sinnlichkeit und die des Partners kann bewußter wahrgenommen werden als je zuvor. Die Kontrolle, die vorher geübt wurde, wird Orgasmen von größerer Kraft und Dauer bewirken, als man sie je zuvor erlebt hat.

Wenn die sexuelle Erregung abgeklungen ist, sollte das Paar wieder mit dem Kanalisierungs-Mantra und -Yantra in Schlaf fallen. Um die durch das Tantra erweckte seelische Kraft zu erhalten und noch zu steigern, sollten beide künftig jede Nacht das Kanalisierungs-Mantra und -Yantra verwenden.

Das Paar stand vor dem tantrischen Meister, der zu ihnen sprach:

»Ihr seid den Weg weit hinangestiegen. Eure Einweihung nähert sich dem Ende. Doch bleiben noch Fragen offen. Fragen, die ihr euch selbst beantworten werdet, indem ihr euch einander schenkt. Wenn ihr nun diese sechste Nacht verbringt, wird jeder den anderen noch weiter erforschen, auf daß ihr tantrisches Wissen voneinander erlangt. Ihr werdet euch nicht zurückhalten oder zurückziehen. Das Ritual wird neue Wonnen bringen. Und in seiner Lust werdet ihr größere Macht über euch selbst und andere kennenlernen.

Euer Körper ist wie das Instrument eines meisterhaften Musikers. Er muß in allen denkbaren Variationen gespielt werden. Nur auf diese Weise werdet ihr die Wege zu kreativer Beherrschung erkunden.«

Wie in den vorangegangenen Nächten trinkt das Paar von dem Wein.

Dann zieht der Mann seine Kleider aus. Das Ritual wird genauso wie in den Nächten vorher weitergeführt. Nach dem Waschen wird das Wahrnehmungs-Mantra als Vorbereitung für das Ritual wiederholt. Die Partner setzen sich einander in der kontemplativen Haltung des Tantra gegenüber. Es folgen jetzt die Rituale der Muskelkontraktionen in jedem Detail wie in den vorangegangenen Nächten.

Danach legt sich die Frau in der Wahrnehmungs-Haltung auf das Bett. Der Mann sitzt auf dem Bett zur Rechten der Frau, ohne sie zu berühren. Er schaut auf ihren Kopf und ihre Brüste.

Die Frau schließt ihre Augen, läßt das Yantra-Bild von sich entstehen und spricht dreimal das Wahrnehmungs-Mantra.

Der Mann spricht mit offenen Augen zweimal im stillen das Wahrnehmungs-Mantra, hebt seine Hand, legt die Zeigefinger auf ihre Lippen und streicht darüber. Dann legt er ihr die Hand in das Gesicht, lehnt sich, ohne einen anderen Teil ihres Körpers zu berühren, vor und berührt ihre Lippen sanft mit den seinen; er läßt seine Zunge langsam über ihren Lippen hin und her gleiten und küßt sie dann, während er das Wahrnehmungs-Mantra dreimal im stillen wiederholt. Dann richtet er sich wieder auf und legt die Hände in den Schoß. Wenn es nötig sein sollte, kann er jetzt das Kontroll-Mantra und -Yantra benutzen.

Die Frau soll den Kuß nicht beantworten, außer daß sie ihre Lippen öffnet. Sie konzentriert sich nur auf das Gefühl ihrer Lippen und ihrer Zunge.

Der Mann spricht zweimal das Wahrnehmungs-Mantra, legt dann seine Hände mit den Handflächen nach unten auf ihre Brüste, nimmt jede der Brustwarzen zwischen Daumen und Zeigefinger und rollt sie sanft. Dann nimmt er seine linke Hand von ihrer rechten Brust. Er behält seine rechte Hand auf ihrer linken Brust und massiert sie sanft, während er sich vorbeugt und die Brustwarze in den Mund nimmt und sanft daran saugt, wobei die Zungenspitze die Brustwarze umkreist; dabei spricht er drei Mantras. Dann setzt er sich wieder auf.

Er nimmt seine rechte Hand von ihrer linken Brust, legt seine linke Hand auf ihre rechte Brust, massiert sie sanft und beugt sich vor, um die rechte Brustwarze in den Mund zu nehmen; er saugt ein wenig, umkreist sie mit der Zungenspitze und spricht im stillen drei Mantras. Dann setzt er sich wieder auf. Jetzt wendet sich der Mann um, so daß er auf die Beine, die Genitalien und den Bauch der Frau hinabschaut.

Er legt seine Hände auf die Hände der Frau, die auf ihrem Bauch liegen, läßt sie dann über den Venushügel gleiten und verharrt zu beiden Seiten der vaginalen Öffnung.

Er teilt die Schamlippen mit seinen Daumen und drückt gegen die Klitoris, während er dreimal das Mantra wiederholt.

Dann läßt er seine Hände abwärts gleiten, bis seine Finger auf das Perinäum drücken; dabei spricht er dreimal das Mantra.

Er legt seine Hände locker auf die Vagina.

Wieder läßt er seine Hände abwärts gleiten. Die Fingerspitzen streichen über das Perinäum zu den rektalen Muskeln und drücken sie nach innen, wobei er dreimal das Mantra spricht.

Seine Daumen öffnen die Schamlippen, und seine Fingerspitzen drücken gegen die Klitoris, während er das Mantra dreimal wiederholt.

Dann läßt er die Schamlippen los; die Hände bleiben auf der Vagina liegen.

Er beugt sich vor und neigt den Kopf dem vaginalen Bereich entgegen.

Seine Lippen berühren und küssen die Innenseite ihrer Schenkel, erst links, dann rechts, und seine Zunge streicht von der Innenseite des Schenkels zur Vagina hin.

Mit Daumen und Zeigefinger der rechten Hand teilt er die Schamlippen. Seine Lippen ergreifen die Schamlippe auf einer Seite der Vagina und ziehen sie mit leichtem Saugen in den Mund; die Zunge bewegt sich bei weiterem Saugen auf der Schamlippe hin und her. Dann läßt er diese Schamlippe los und wiederholt dasselbe mit der anderen.

Dann streicht seine Zunge rundum über den Rand der vaginalen Öffnung und dringt in die Vagina ein. Wenn seine Zunge dann zur Klitoris gleitet, erregt er sie achtsam mit dem Druck der Zunge. Dann umfaßt er die Klitoris mit den Lippen, zieht sie mit leichtem Saugen in den Mund und stimuliert sie mit der Zunge.

An dieser Stelle kann die Frau ihre Hüften und ihren Körper antwortend bewegen, wie immer sie will, muß aber dabei die Grundstellung mit geöffneten Knien und aneinandergelegten Fußsohlen beibehalten.

Der Mann sollte das Reagieren der Frau sehr bewußt aufnehmen und, wenn die Reaktion heftig ist, die Stimulierung wiederholen, die die Reaktion hervorgerufen hat.

Der Mann kann den rechten Daumen in die Vagina einführen und dort lassen, ohne ihn zu bewegen, um zusätzliche Erregung zu erzeugen. Er setzt das orale Stimulieren fort, Saugen, Eindringen, Küssen, Lecken, um die Frau nahe an den Orgasmus heranzuführen.

Der Mann darf keinen anderen Teil des Körpers der Frau berühren.

Die Frau muß ihre Hände über dem Bauch gefaltet halten. Sie darf den Körper des Mannes nicht berühren.

Wenn die Frau den Orgasmus kommen fühlt, greift sie nach dem Arm des Mannes, um ihm das Signal zu geben.

Wenn der Mann den Griff spürt, entfernt er sofort Mund und Hände von der Vagina und setzt sich auf. Er entfernt sich dann vom Bett.

Die Frau benutzt zuerst das Kontroll-Yantra und -Mantra und dann das Kanalisierungs-Yantra und -Mantra.

Ihre Hände liegen auf ihrem Bauch, sie behält die Stellung bei, und während sich der Mann schweigend verhält, erlangt sie die Kontrolle über ihre Erregung.

Beide Partner müssen sich unbedingt beherrschen. Nur durch diese Kontrolle kann die gesamte Konzeption des Tantra gelernt und verwirklicht werden.

Mittlerweile hat das Paar bereits bemerkt, daß die Übungen der vorangegangenen Nächte begonnen haben, die sexuelle und emotionale Beziehung der beiden zu beeinflussen, und daß die Kanalisierung sich auf ihr Leben auszuwirken beginnt.

Mit jeder neuen Kontrollforderung wird der Wert dieser Kontrolle, der sich im nachhinein zeigt, überzeugender.

Schließlich erhebt sie sich vom Bett. Die Partner dürfen einander aber nicht berühren und auch nicht miteinander sprechen.

Beide sollten versuchen, die Kontrolle weiter zu festigen, die sie aufgebaut haben.

Jetzt legt sich der Mann in der Wahrnehmungshaltung auf den Rücken. Die Frau setzt sich erst dann neben ihn, wenn er eine entspannte Kontrolle erlangt hat.

Ohne ihn zu berühren, schaut sie auf das Gesicht und die Brust des Mannes. Er hält seine Augen fest geschlossen.

Die Frau hebt ihre Hände und streicht mit Zeigefingern und Daumen über die Lippen des Mannes und spricht dabei dreimal das Mantra der Wahrnehmung.

Dann umfassen ihre Hände sein Gesicht, und sie beugt sich vor, um mit ihren Lippen sanft die seinen zu berühren. Langsam läßt sie ihre Zungenspitze über seine Lippen gleiten, während sie für sich drei Mantras spricht. Dann drückt sie ihre Lippen auf die seinen und dringt mit ihrer Zunge in seinen Mund ein und spricht dabei im stillen drei Mantras. Bei diesem Kuß sollte der Mann passiv bleiben und sich auf das Bild dessen, was geschieht, und auf die dadurch erzeugten Empfindungen konzentrieren. Die Frau zieht ihren Mund zurück und setzt sich auf. Sie spricht dreimal das Wahrnehmungs-Mantra.

Dann legt sie ihre Hände mit den Handflächen nach unten auf die Brust des Mannes. Sie nimmt die beiden Brustwarzen zwischen Daumen und Zeigefinger und rollt sie sanft. Während ihre rechte Hand auf seiner linken Brust liegenbleibt, zieht sie ihre linke Hand von seiner rechten Brust zurück. Mit ihrer rechten Hand massiert sie die linke Brust, beugt sich vor und saugt die Brustwarze in ihren Mund; dabei streicht sie mit der Zunge über die Brustwarzen und spricht drei Mantras.

Darauf nimmt sie ihre Lippen und die linke Hand von seiner linken Brust.

Sie dreht sich und schaut nun auf den Bauch, die Genitalien und die Beine des Mannes.

Sie spricht zweimal das Mantra.

Sie legt ihre Handflächen auf seinen Bauch und läßt sie dann durch das Schamhaar zur Penisbasis gleiten, welche sie mit Daumen und Zeigefingern umfaßt. Sie übt etwas Druck aus, spricht dabei dreimal das Mantra und gleitet unter weiterem Druck den Penisschaft entlang bis zur Eichel; sie klemmt die Eichel zwischen Finger und Daumen, läßt sie los und verharrt mit den Händen zu beiden Seiten der Genitalien.

Sie spricht zwei Mantras.

Ihre Finger gleiten an der Unterseite des Penis entlang bis zur Wurzel im Hodensack, wo sie Druck ausübt und drei Mantras spricht.

Die Finger gleiten noch tiefer, um die Hoden herum zum Perinäum; die Finger drücken auf das Perinäum, während sie drei Mantras spricht.

Dann entspannt sie ihre Hände wieder und wiederholt dreimal das Mantra.

Ihre Hände gleiten jetzt über das Perinäum hinweg und drücken auf die Muskeln der rektalen Öffnung. Sie wiederholt dreimal das Mantra und entspannt ihre Hände.

Die Frau kehrt mit den Händen zu den Genitalien zurück und läßt sie rechts und links davon liegen. Sie spricht zwei Mantras.

Ihre Zeigefinger und Daumen umfassen die Penisbasis und verengen sich, während sie sich nach vorn beugt, bis ihr Gesicht dem Penis nahe ist.

Jetzt nimmt sie die Hoden in die linke Hand.

Ihr rechter Zeigefinger und Daumen umfassen weiterhin die Basis des Penis mit festem Griff.

Sie benützt nun ihren rechten Zeigefinger und Daumen, um den erigierten Penis nach oben zu drücken, bis die Eichel den Bauch des Mannes berührt. Dann drückt sie ihre Lippen an der Penisbasis auf die röhrenartige Erhebung der Harnröhre und gleitet mit bis zur Eichel.

Wenn ihre Lippen die Eichel erreicht haben, nimmt sie den Mund zurück und hält mit der rechten Hand den Penis in seinem bei der Erektion natürlichen Winkel senkrecht zum Körper des Mannes. Dann läßt sie langsam den Penis in ihren Mund eindringen und nimmt so viel von ihm auf, wie ihr angenehm ist. Saugend zieht sie ihren Mund bis zur Eichel, dann gleitet ihr Mund wieder abwärts zur Basis.

Ihre linke Hand massiert die Hoden, das Perinäum und die rektalen Muskeln. Ihre rechte Hand sollte ihren Griff um die Penisbasis nicht lösen.

Jetzt werden ihre Bewegungen von der antwortenden Reaktion des Mannes gelenkt. Wenn er heftig auf eine bestimmte Stimulierung reagiert, so sollte die Frau die Stimulierung wiederholen, um ihn immer näher an den Orgasmus heranzuführen.

Der Mann soll passiv liegenbleiben. Er darf die Frau in keiner Weise berühren. Ebensowenig darf er die Kontrolle verlieren. Er muß beim ersten Anzeichen für den kommenden Orgasmus nach dem Arm der Frau greifen, um ihr das Signal zu geben.

Die Frau sollte sich sofort aufsetzen und vom Bett entfernen.

Der Mann muß das Signal so rechtzeitig geben, daß er den Orgasmus zurückhalten kann. Er sollte dies in früheren Übungen schon gelernt haben. Diese Beherrschung wird ihren Wert erweisen, wenn er sich unter diesen schwierigen Umständen um die Kontrolle bemüht.

Der Mann sollte, wenn er das Signal gibt, sofort zum Kontroll-Yantra und -Mantra übergehen. Diese benützt er, bis er das Gefühl hat, daß die Kontrolle erlangt ist und aufrechterhalten werden kann. Dann benützt er das Kanalisierungs-Mantra und -Yantra, um den großen Vorrat an Konzentrations-Energie, den er angestaut hat, weiterzuleiten.

Wenn er seine Kontrolle aufgebaut und die Kanalisierung vollzogen hat, kann er aufstehen.

Das Paar nimmt jetzt wieder schweigend am Tisch Platz. Dann können sie sich, während sie essen, über das, was sie bewegt, unterhalten. Selbstverständlich werden die Bemühungen des anderen um die Kontrolle immer respektiert. Und jeder benützt das Mantra und Yantra der Kontrolle so oft, wie es nötig ist, bis eine Stunde vergangen ist.

Der tantrische Gebrauch von Cunnilingus und Fellatio dient einem zweifachen Zweck, der deutlich sein sollte.

Die Intimität solchen Vorgehens erzeugt ein umfassendes Verständnis für den Partner, und der Akt selbst schafft eine Grundlage für weitere Beseitigung jeglicher Hemmungen zwischen den Partnern.

Wenn Fellatio und Cunnilingus bereits vorher Teil der sexuellen Beziehung waren, so werden die Intimität, die Erregung und der Wunsch, Lust zu bereiten, durch den sorgfältigen Vollzug, wie er in diesem tantrischen Ritual vorgesehen ist, gesteigert. Wenn zuvor kein oraler Sex stattgefunden hat, wird mit diesem Ritual ein ganz neuer Bereich der Intimität ohne Hemmungen und Befangenheit betreten.

Mittels dieser Rituale wird nicht nur die eigene Kontrolle ausgedehnt, sondern auch die Kontrolle, die der Partner aufrechtzuerhalten vermag, gestärkt. Dieses Teilhaben an den Kontrollkräften des anderen erzeugt ein vertieftes Gefühl des Vertrauens.

Nach dem Mahl kann das Paar zu Bett gehen und sich dem Liebesspiel hingeben, wie es mag. Wenn es die orale Form in

Vorspiel oder Befriedigung bisher nicht vollzogen hat, so kann es das jetzt tun. War sie ihm jedoch bereits vertraut, so wird die tantrische Ritualisierung ihre Bedeutung und den Lustgewinn steigern. Ob das Liebesspiel vorangegangen ist oder nicht – das Kanalisierungs-Yantra und -Mantra sollten inzwischen zur Gewohnheit geworden sein; eine natürliche, einfache Vorbereitung für den Schlaf.

Durch das Tantra wird jeder Tag des weiteren Lebens schöner werden als der Tag zuvor.

Die siebte Nacht des Tantra

Der tantrische Meister sprach:

»Die Freuden von Kali und Mahakala sind euer. Ihr teilt die Lust. Ihr sprecht über die Lust. Ihr kennt ein jeder eure Lust und die Lust des anderen. Seid zusammen und dennoch ein jeder für sich, in dieser Nacht und in allen Nächten eures Lebens. Empfangt immer neue Lust. Gebt immer größere Lust.

Erzeugt größere Energie, um sie zu beherrschen. Erschafft das tantrische Leben aus eurem eigenen Wesen.«

Die Anweisungen für dieses Ritual sollten zusammen mit dem Kapitel »Eine Weiterführung« gelesen werden, das unmittelbar folgt.

Auf dem Tisch steht ein Imbiß bereit; das Paar sitzt und trinkt das erste Glas Wein miteinander.

Dann gehen sie ins Badezimmer.

Nachdem sich das Paar gegenseitig wie in allen anderen Nächten gewaschen hat, nimmt es die kontemplative Haltung des Tantra ein, das Ritual der Muskelkontraktionen wird wie zuvor vollzogen. Danach gehen sie ins Schlafzimmer.

Die Frau legt sich in der Wahrnehmungshaltung auf das Bett, die Beine auseinander, die Fußsohlen gegeneinander.

Der Mann setzt sich neben sie auf das Bett. Diesmal läßt die Frau die Augen *offen*.

Nun vollzieht der Mann das Ritual, wie angegeben. Dabei soll die Frau ihm offen und ehrlich die Empfindungen des Reizes und der Erregung mitteilen, die sein jeweiliges Vorgehen bei ihr erzeugt. Der Mann wird dadurch nicht nur mit jedem Bereich ihres Körpers vertrauter werden, sondern auch genauere Kenntnis erhalten, was sie besonders erregt und ihr Lust bereitet.

Der Mann berührt die Lippen der Frau, und sie teilt ihm ihre Empfindungen mit.

Der Mann küßt die Lippen der Frau, und nach dem Kuß sagt sie ihm, welche Empfindungen sie hatte.

Es spricht nun jeder zweimal das Mantra.

Der Mann berührt und massiert die Brüste der Frau, rollt die Brustwarzen zwischen Zeigefinger und Daumen und küßt sie.

Die Frau beschreibt ihre Empfindungen und sagt dem Mann genau, was sie fühlt.

Der Mann dreht sich jetzt um und sitzt dem Fußende des Bettes zugewandt.

Er läßt seine Fingerspitzen und Daumen über den Bauch der Frau zur Vagina gleiten; er öffnet die Schamlippen; er drückt auf die Klitoris. Dann entspannt er die Finger, und die Frau beschreibt ihre Empfindungen.

Jetzt läßt der Mann seine Fingerspitzen zum Perinäum weitergleiten, drückt darauf und entspannt sie wieder. Die Frau beschreibt ihre Empfindungen.

Der Mann gleitet mit den Fingerspitzen weiter, drückt auf die rektalen Muskeln, und die Frau beschreibt ihre Empfindungen.

Dann kehrt der Mann mit den Händen zur Vagina zurück, öffnet die Schamlippen und beginnt sanft mit der Masturbation; er legt Pausen ein, wenn er einen bestimmten Bereich stimuliert hat, und die Frau teilt ihm ihre Reaktionen auf jede Bewegung und zu jedem Reizpunkt mit.

Der Mann beugt sich jetzt vor und beginnt, den vaginalen Bereich oral zu stimulieren – die Schamlippen, die Vagina und die Klitoris. Die Frau beschreibt bei jeder Stelle, die er küßt, ihre Empfindungen.

Der Zweck liegt *nicht* darin, die Frau bis zum Orgasmus zu erregen. Diese beschriebenen Aktionen sollen beim Mann eine genaue Kenntnis des weiblichen Körpers und eine vertiefte Wahrnehmung ihrer Reaktionen bewirken.

Die Frau soll sich auf jede Aktion des Mannes konzentrieren und versuchen, so genau wie möglich auszudrücken, was sie empfindet; ob etwas mehr oder weniger erregend wirkt als etwas anderes, und so weiter. Danach tauschen sie ihre Positionen aus. Jetzt nimmt der Mann die Wahrnehmungs-Haltung ein, und die Frau sitzt neben ihm, dem Kopfende des Bettes zugewandt.

Der Mann verhält sich passiv, und wenn die Frau in der beschriebenen Weise vorgeht, berichtet der Mann über seine Empfindungen.

Die Frau berührt die Lippen des Mannes und küßt ihn dann.

Sie entspannt sich wieder.

Sie beugt sich vor und massiert und rollt seine Brustwarzen zwischen Zeigefingern und Daumen und küßt sie dann. Der Mann sagt ihr, was er fühlt. Die Frau wendet sich dem Fußende des Bettes zu. Sie läßt ihre Hände über seinen Bauch abwärts gleiten und umfaßt die Penisbasis mit Druck. Der Mann beschreibt im einzelnen seine Empfindungen.

Nach jeder der folgenden Aktionen macht die Frau eine Pause, entspannt ihre Hände und wartet auf des Mannes Beschreibung der Empfindung, die sie bei ihm ausgelöst hat.

Die Frau streicht mit ihren Fingern den Penisschaft entlang, behält den Druck bei und verharrt an der Eichel.

Sie drückt die Eichel und legt dann ihre Hände an beide Seiten der Genitalien.

Ihre Finger gleiten an der Unterseite des Penis abwärts bis zu seiner Wurzel im Hodensack. Sie entspannen sich wieder.

Sie gleiten weiter zum Perinäum, drücken darauf und lockern sich.

Dann gleiten ihre Finger bis zu den rektalen Muskeln, drücken darauf und entspannen sich wieder. Wenn der Mann ihr jedesmal seine Empfindungen mitgeteilt hat, entspannt die Frau ihre Hände einige Augenblicke lang, bevor sie das Ritual fortsetzt.

Ihr rechter Zeigefinger und Daumen umfassen und drücken die Basis des Penis; ihre linke Hand umschließt die Hoden.

Die Frau beugt sich vor und beginnt den Mann oral zu stimulieren.

Der Mann beschreibt den sinnlichen Reiz, den jede ihrer Bewegungen auf ihn ausübt.

Wenn die Frau alle Phasen der oralen Stimulierung beendet hat, nimmt sie Mund und Hände von den Genitalien des Mannes und richtet sich auf.

Der Mann und die Frau müssen verstehen, daß dieses Ritual die Wahrnehmung steigern und die Kommunikation anregen soll. Es geht nicht darum, Erregung zu erzeugen, wenn auch die Aktionen sehr erregend sind.

Es sollte nicht nötig sein, währenddessen das Kontroll-Mantra und -Yantra heranzuziehen, da die Aktionen nur flüchtigen Charakter haben und nicht so weit gehen sollten, einen Orgasmus hervorzurufen.

Wenn das Paar jedoch jetzt einige Minuten entfernt voneinander sitzt, sollte es das Kontroll-Mantra und -Yantra benützen.

Der Gebrauch der Kontrolle ist jetzt, vor der nächsten Phase, sehr wichtig. Beide Partner müssen sich während des vor ihnen liegenden letzten Teils des Rituals gut unter Kontrolle haben.

Der Mann legt sich in der Wahrnehmungshaltung auf das Bett. Er schließt fest die Augen, spricht drei Kontroll-Mantras, läßt das Kontrollbild entstehen und »schreibt« die Worte des Mantra auf die schwarze Leere in seinem Geist.

Die Frau wartet stehend.

Wenn der Mann sicher ist, daß er sich unter Kontrolle hat, setzt sich die Frau neben ihn auf das Bett und umfaßt die Basis des Penis mit Zeigefinger und Daumen der rechten Hand. Mit Druck gleiten ihre Finger den Penis entlang, bis zur Eichel, über die Eichel und lassen dann den Penis los.

Wenn der Penis steif erigiert ist, soll die Frau dies nur *einmal* tun. Ist er nicht völlig erigiert, so umfaßt sie die Penisbasis ein zweites Mal und wiederholt den Vorgang. Es muß daran erinnert werden, daß die Finger nur *von der Basis zur Eichel* gleiten sollen, dann lassen sie den Penis los.

Ist der Penis erigiert, beendet die Frau diesen Vorgang. Dann begibt sie sich mit gespreizten Beinen in eine kniende Haltung über den Unterleib des Mannes, seinem Kopf zugewandt und den Oberkörper aufgerichtet.

Sie greift nach dem Penis und umfaßt ihn mit dem rechten Zeigefinger und Daumen. Ihre linke Hand liegt auf ihrem Oberschenkel oder wo sie es wünscht, um bequem die Balance halten zu können. Sie hebt ihre Hüften über den Penis und führt ihn in die Vagina ein; dann senkt sie ihren Leib, bis der Penis sich so tief, wie es möglich und angenehm ist, in der Vagina befindet. Sie sitzt ganz ruhig. Der Mann verhält sich ebenfalls ruhig.

Die Frau legt ihre Hände auf die Hände des Mannes, die er auf dem Bauch gefaltet hat.

Sie schließt fest die Augen.

Der Mann benutzt jetzt das Yantra seiner Muskelkontraktionen. Er konzentriert sich auf die Muskeln und »Röhren« im Inneren des Penis und stellt sich vor, daß sie sich füllen, wenn er die Muskeln des Penis, der Leisten und des Unterleibs anspannt. Er hält die Kontraktionen so lange aufrecht, wie er kann, und entspannt sich dann wieder.

Die Frau spürt die Kontraktionsbewegungen des Penis in ihrer Vagina und sollte es auch sagen. Der Mann wiederholt die Kontraktion, entspannt sich wieder.

Nach einem Augenblick der Konzentration wiederholt der Mann die Kontraktion ein drittes Mal, hält sie so lange fest wie möglich und entspannt sich. Dann verharren beide schweigend einige Augenblicke lang in dieser Haltung.

Die Frau richtet jetzt mit noch immer geschlossenen Augen ihre Vorstellungskraft auf die vaginalen Muskeln.

Wenn Bild und Konzentration die gewünschte Stärke erreicht haben, spannt sie die vaginalen Muskeln so fest wie möglich an, hält die Spannung so lange aufrecht, wie sie kann, und entspannt sich dann. Der Mann spürt, wie die vaginalen Muskeln sich um den Penis spannen. Wenn die Kontraktion beendet ist, sagt er seiner Partnerin, was er gefühlt hat. Sie wiederholt die Kontraktion und entspannt sich wieder.

Dann erfolgt eine dritte Kontraktion der Frau, so fest und so lange wie möglich.

Jetzt verharrt das Paar ruhig in dieser Haltung und nimmt das Kontroll-Mantra und -Yantra zu Hilfe, um die Kontrolle aufrechtzuerhalten.

Der Mann entspannt nun seine Beine und streckt sie aus. Die Frau bewegt ihre Hüften in einer Weise, die ihr und dem Mann Lust bereitet. Es beginnt der Geschlechtsakt in dieser Stellung. Beide können in dieser Stellung nach Belieben agieren – mit den Bewegungen des Körpers, mit Berühren und Stimulieren –, um Lust zu erzeugen. Aber die *Kontrolle* muß aufrechterhalten bleiben!

Es ist wichtig, daß sich beide stets daran erinnern, die Kontrolle nicht zu verlieren. Wann immer der eine den Orgasmus kommen fühlt, muß er dem anderen das *Signal* geben, indem er nach dem Arm des anderen greift. In diesem Fall muß die Aktion sofort unterbrochen werden, bis die Kontrolle wieder intakt ist. Dies erfordert von beiden Partnern unbedingte Zusammenarbeit und Achtung vor der Notwendigkeit des anderen, die Kontrolle aufzubauen.

Das Paar sollte in dieser Stellung mit dem Liebesspiel fortfahren, bis jeder wenigstens einmal den Punkt erreicht hat, an dem er anhalten mußte, um die Kontrolle aufrechtzuerhalten. Die Kombination von Kontroll-Mantra und -Yantra sollte von *beiden* Partnern benützt werden, sobald *einer* von beiden das Signal zur Unterbrechung der Bewegung gegeben hat.

Auf diese Weise kann das Liebesspiel von ganz beliebiger Dauer sein – unter der Kontrolle beider Partner.

Danach sollte die Frau den Penis aus der Vagina gleiten lassen und sich neben den Mann legen. Sie können nun miteinander das Spiel der Lust betreiben, wie sie wollen. Die tantrischen Meister empfehlen, daß die aktive und passive Rolle im Liebesspiel abwechselnd übernommen werden sollte, weil dadurch die Kontrolle erleichtert und die Lust verlängert würde.

Zum Beispiel:

Das Paar verändert die Stellung. Der Mann küßt, stimuliert, streichelt und masturbiert die Frau und erregt sie mit Cunnilingus, wobei er jedesmal eine Pause macht, wenn sie die Kontrolle festigen möchte.

Der Mann kann sich dann in die Stellung über der Frau begeben, so daß sie sich ihrerseits auf das Küssen, Streicheln, Masturbieren und die orale Erregung des Mannes konzentrieren kann, wobei sie nicht vergessen darf, sein Bedürfnis nach Kontrolle zu respektieren und ihre Aktionen zu unterbrechen, sobald er ihr das Kontrollsignal gibt.

Dasselbe Signal und die Unterbrechung der Aktion während der Kontrollübung werden grundsätzlich angewandt, welche Stellung das Paar im Liebesspiel auch immer einnehmen mag – sei es, daß der Mann oben ist oder an der Stelle oder hinter der Frau, ob sie auf den Sesseln sitzen oder eine beliebige andere Haltung einnehmen.

Was allein wichtig ist, ist das *Aufrechterhalten der Kontrolle.* Und wenn diese Praxis der Kontrolle in jeder Liebessituation geübt wird, wird sie immer leichter aufzubauen und aufrechtzuerhalten sein. Sowohl das Vorspiel als auch der Akt selbst können so lange ausgedehnt werden, wie beide Partner es wünschen.

Dann können Sie entscheiden, wenn Sie sich zum Orgasmus bereit fühlen.

Weitere Nuancen dieser unumgänglichen Kontrolle im Tantra werden in den folgenden Kapiteln, »Eine Weiterführung« und »Besondere Rituale«, dargestellt.

Wenn beide befriedigt sind, sollten sie engumschlungen beieinanderliegen und das Kanalisierungs-Mantra und -Yantra benutzen.

Danach kann das Mahl eingenommen werden und das Paar kann, ja sollte sich offen über alles unterhalten.

Die sieben Nächte des Tantra sind nun vollendet. Aber es ist ein Beginn, kein Ende.

Eine Weiterführung

Und der tantrische Meister entließ die neuen Tantriker mit folgenden Worten:

»Ihr beschreitet nun neu die Erde unter euren Füßen. Die Essenz, das Innerste eures Seins ist euch offenbar geworden. Dank dieser Essenz wißt ihr um die große Lust und die große Kraft, die ihr nunmehr heherrscht.

Ihr seid jetzt neu geboren in diese Wesenhaftigkeit des tantrischen Lebens. Ihr werdet jeden neuen Schritt, den ihr tut, überlegt tun und ihn beherrschen. Auf eurem eigenen Weg werdet ihr zur Höhe der Erleuchtung gelangen, von keinem anderen geführt.

Die Rituale, die ihr kennengelernt habt, werden zunehmend an Kraft und Energie gewinnen, wenn ihr sie weiterhin praktiziert.

Jeder Tag des tantrischen Lebens wird euch größeres Wissen über euch selbst und andere bringen; größere Fähigkeit, Lust zu erfahren, Lust zu geben; größere Energie und Macht über sie; größere Kontrolle über euer Leben, euer Sein und über alles, was ihr in diesem Universum entdeckt. Denn ihr werdet eins sein mit euch selbst, eins mit der Erde, eins mit allen anderen, eins mit dem Universum. Und eure Essenz wird wachsen und den Kontakt mit allen unsterblichen Essenzen ermöglichen, die auf jenen Ebenen existieren, auf denen euch das Wesen des Seins vermittelt werden wird.

Unternehmt jeden Schritt mit der Gewißheit, daß er lustvoller sein wird als jegliche Lust, von der Sterbliche wissen.

Denn euer Sein ist ein Sein als Essenz der Lust; euer Körper ist der Schlüssel zu allen kreativen Kräften. Ihr seid jetzt ein Teil der

Einheit aller Essenzen, die es je gab und je geben wird.

Die Kraft, die Lust, die Macht über alles wird euch enthüllt.«

Die sieben Nächte des Tantra und die individuellen Rituale für die Frau und den Mann haben die Grundprinzipien der tantrischen Sexualität vermittelt, die zur Intensivierung der Sexualität führen, zu gesteigerter eigener Wahrnehmung und der des Partners, zur Kontrolle der vitalen Energien der Sexualität und zur Fähigkeit, diese Energien in alle Bereiche des Lebens zu leiten.

Jeden Tag sollte sich der Geist auf die grundlegenden Yantra-Imaginationen aller Übungen konzentrieren. Es sollte täglich etwas Zeit erübrigt werden für das Yantra als eine Form der tantrischen Konzentration. Denn mit dem Yantra bleibt man im Besitz der Kontrolle und der Fähigkeit zur Kanalisierung.

Die Rituale selbst sollten ein fester Bestandteil eines jeden Tagesablaufs sein.

Wenn möglich sollten auch die Paar-Rituale praktiziert werden.

In einer Nacht, in der das Paar nicht beisammen ist oder in der keine Möglichkeit für den Vollzug der Paar-Rituale besteht, sollten die Allein-Rituale, einschließlich des Kontroll-Rituals, ausgeführt werden.

Im sexuellen Verkehr sollte stets bewußt sein, daß die Beziehung zueinander jetzt von tantrischer Art ist und die Wiederholung der Kontrolle und der Kanalisierung während des Liebesspiels beinhalten sollte; nicht nur, um die Kontrolle zu festigen und konsequent die Wahrnehmung und die Kanalisierung einzusetzen, sondern auch, weil jede Festigung der Kontrolle zu besserer Kontrolle führt und die Ekstase steigert.

Der nächste Abschnitt dieses Buches handelt von »Besonderen Ritualen und Erläuterungen zur tantrischen Sexualität«. Daraus wird noch deutlicher werden, wie unbegrenzt die Möglichkeiten der Intensivierung der Rituale sind, um die Lust zu steigern.

Wenn die Kontrolle jemals entgleiten sollte, geht man zu den Basis-Übungen zurück und vollzieht sie mit erhöhter Konzentration; das Yantra und die Mantras sollten jeden Tag benutzt werden.

Wenn alle Aspekte der Sexualität unter Kontrolle sind, hat man auch über alle übrigen Bereiche des Lebens mehr Macht gewonnen.

Die tägliche konsequente Praxis der Rituale wird zu immer neuen Erfahrungen der Lust und zu gesteigerter Wahrnehmung des ruhigen Vertrauens in sich selbst führen – zu innerer Ruhe und Selbstbewußtsein, die dem Wissen um das Selbst und den Kräften, zu denen man als Tantriker gelangt ist, zu verdanken sind.

Besondere Rituale und Erläuterungen zur tantrischen Sexualität

Einführung

Das sexuelle Tantra enthält noch mehr als die Basis-Rituale für den Mann, die Frau und für Paare.

In den vielen Bänden, die im Laufe der vergangenen tausend Jahre darüber geschrieben wurden, finden sich wiederholt Hinweise auf andere Rituale und Erläuterungen zu vielen Aspekten der Sinnlichkeit, der Sexualität, der Wahrnehmung, der Kontrolle und der Kanalisierung.

Jedes Ritual ist so konzipiert, daß es die Konzentration auf einen bestimmten Aspekt der tantrischen Entwicklung richtet, sei es eine Weiterentwicklung der Wahrnehmung oder der Methoden, um einen verlängerten Orgasmus zu erreichen, oder der Übungen, die nötig sind, um die Muskelkoordination der Vagina (tantrische

Vagina genannt) völlig beherrschen zu lernen.

Für einen Mann oder eine Frau in gesunder körperlicher Verfassung ist keines der Rituale physiologisch schädlich, vorausgesetzt, daß sie den Anweisungen entsprechend vollzogen werden.

Vielleicht wollen nicht alle Schüler des Tantra von den besonderen Ritualen Gebrauch machen. Alle Grundlagen des Tantra sind in den Allein-Ritualen für Mann und Frau und in den Paar-Ritualen enthalten. Wenn man sich auf diese Rituale beschränkt, kann man die drei Grundprinzipien des Tantra beherrschen lernen: Wahrnehmung, Kontrolle und Kanalisierung. Denn das Beherrschen der Allein-Rituale ist die Basis des Tantra. Doch sollte der ernsthafte Schüler diesen Text über die besonderen Rituale vollständig lesen, um einen Einblick in die Erläuterungen des Tantra zu einer großen Reihe von Themen zu bekommen und um die weiterführenden Rituale zu kennen, mit denen man sich befassen kann, um die tantrischen Fähigkeiten in bestimmten Bereichen zu fördern.

Das Tantra sagt, daß diese besonderen Rituale, wie etwa diejenigen, die sich auf die Erektion beziehen, für den Mann sehr nützlich seien, und dies nicht nur, um mit gelegentlich auftretender Impotenz fertig zu werden, sondern auch als Hilfe, um innerhalb eines kurzen Zeitraums wiederholt Erektionen erzeugen zu können.

Ebenso betrachten die tantrischen Texte die Entwicklung der tantrischen Vagina bei der Frau als ein wichtiges Hilfsmittel, um ihre Wahrnehmung zu fördern und ihre Fähigkeit, Lust zu geben und Lust zu empfangen, zu steigern.

Andere Rituale dienen dazu, Befangenheit und Hemmungen noch weitgehender zu beseitigen. Wenn die Rituale für die Frau oder den Mann und die Paar-Rituale, wie sie in diesem Buch beschrieben sind, vollständig durchgeführt sind, kann nun der Weg zur Beherrschung der Grundprinzipien weitergegangen und zusätzliche Aspekte der tantrischen Sexualität und Kraft können erschlossen werden.

Das Tantra fällt keine moralischen Urteile.

Es geht davon aus, daß diejenigen, die ein promiskuitives Leben führten, bevor sie Tantriker wurden, wahrscheinlich weiterhin promiskuitiv leben wollen; daß diejenigen, die nur eine mäßige Anzahl von sexuellen Partnern hatten, vermutlich weiterhin mäßig bleiben werden; und daß diejenigen, deren Leben auf einen Partner bezogen ist, mit ihm weiterleben wollen.

Aufgrund der speziellen Eigenart des Tantra wird es wahrscheinlich zunächst mit einem Partner geübt und erlernt. Wenn man jedoch die Einzel- und Paar-Rituale beherrscht, kann man mit diesem Partner zusammenbleiben, oder man kann sich auch trennen.

Das Tantra übt seine Wirkung vor allem auf das Individuum aus. Der tantrische Umgang in einer sexuellen Beziehung, wie lang oder wie kurz sie sein mag, macht aus dem Tantriker den natürlichen »Lehrmeister« des Partners.

Das Tantra sagt, daß, wenn ein Tantriker einen neuen Partner wählt, er diesen neuen Partner mit den tantrischen Methoden bekannt machen soll. Wenn der neue Partner selbst bereits ein Tantriker ist, so wird die Beziehung natürlich von Anfang an tantrisch orientiert sein. Wenn er jedoch kein Tantriker ist, dann sollte der »Lehrmeister« dem neuen Partner die tantrischen Methoden zeigen. Wenn der Tantriker seinem (oder ihrem) neuen Geliebten die gesteigerten Freuden der tantrischen Liebe zeigt, wird dies den neuen Partner sicher dazu bringen, Tantra erlernen zu wollen. Der Tantriker kann dann anfangen, die Allein-Rituale und die Paar-Rituale zu lehren, um aus dem neuen Partner ebenfalls einen Tantriker zu machen.

Das Tantra legt größten Wert auf den tantrisch orientierten *Anfang* einer Beziehung zu einem neuen Partner.

Wenn die Frau sich einen neuen Geliebten nimmt, so muß sie auf jeden Fall in der Initialzeit darauf bestehen, im Liebesspiel die Kontrolle aufrechtzuerhalten. Sie sollte nicht zögern, ihre entfaltete Wahrnehmung, ihre Fähigkeiten und ihre Kontrollmethode zu demonstrieren, um damit auch die Lust ihres Partners zu steigern.

Wenn der Mann sich eine neue Partnerin nimmt, so sollte er ebenfalls seine tantrische Fähigkeit demonstrieren, um seiner Partnerin größtmögliche Lust und Befriedigung zu schenken.

Die Art und Weise, wie die Haltung als »Lehrer« dem »Schüler« gegenüber eingenommen wird, darf nicht aufdringlich sein. Sie sollte sehr feinfühlig gehandhabt werden. Doch muß der Tantriker, so sagt das Tantra, der Führer sein und seine oder ihre Kontrolle während des Liebesspieles aufrechterhalten. Der wahre Tantriker hat kein Verlangen, »die Welt zum Tantra zu bekehren«. Aber ebensowenig denkt er daran, den tantrischen Weg zu verlassen, wenn er gelernt hat, auf ihm zu gehen.

Tantra und das Alter

»Daß der Geist geschmeidig sei, nicht der Körper.« Dies ist die Art der tantrischen Texte, zu sagen: »Das Alter ist nicht wichtig.«

Es spielt keine Rolle, in welchem Alter ein Schüler beginnt, Tantra zu erlernen; nur muß der Geist empfänglich sein für die tantrischen Ideen, und er muß den Mut haben, den Versuch zu wagen. Tantrische Gruppen beginnen mit der Vermittlung der tantrischen Allein-Rituale bei ihren Kindern oft im Alter von zwölf Jahren. Diese Unterweisung soll die Pubertierenden zu einem tantrischen Umgang mit der Sexualität konditionieren – zu einer offenen, ehrlichen, ungehemmten Haltung. Es gibt keine Tabus. Es gibt nur freie Kommunikation und Unterweisung, damit der eigene Körper und die eigene Sexualität kennengelernt werden. Es ist eine Art von Unterricht, die laut tantrischen Texten zu größerem Selbstvertrauen führt und vor vielen der »sexuellen Probleme« bewahrt, die pubertäre Spannungen und Frustrationen erzeugen.

In einem der Texte steht die Geschichte von einem achtzigjährigen Tantriker, der sich jede Nacht mit seiner »älteren Frau«, die seine Tantra-Lehrerin gewesen war, der tantrischen Liebe hingab.

Die Geschichte fährt fort, daß sie im Alter von neunundachtzig Jahren starb und der Tantriker sich eine jüngere Frau nahm, eine Nicht-Tantrikerin von dreiundsechzig, und er sie die Methoden des Tantra lehrte, so daß sie sinnlich und sexuell und in allen Bereichen ihres Lebens neu geboren wurde. Und als der ältere Tantriker mit einundneunzig Jahren starb, nahm sich seine »jüngere Frau« einen vierzigjährigen Liebhaber und lehrte ihn die Methoden des Tantra, und ihre Wonne hielt all die Jahre an, die sie zusammen verlebten.

Es ist dies vielleicht keine ganz wahre Geschichte, aber sie verdeutlicht zwei für das Tantra typische Punkte:

Das Alter spielt keine Rolle, was das Lernen betrifft.

Das Alter spielt keine Rolle, was den Genuß der Freuden des Tantra betrifft.

Im Rahmen meiner eigenen Tantra-Forschungen interviewte ich auch eine große Zahl von Tantrikern. Der jüngste von ihnen war neunzehn, der älteste achtundsiebzig Jahre alt.

Jeder drückte auf seine Weise aus, daß das Alter keine Rolle spiele, nur ein offener Geist und konsequente Praxis der Rituale seien grundlegend wichtig. Die Menschen, sagt das Tantra, lassen allzuoft zu, daß ihr Leben sich in die kleinen, aber hartnäckigen und emotional wie körperlich erschöpfenden Dinge des Alltags verstrickt. Und dann neigen sie dazu, mehr Wert auf die äußere als auf die innere Welt zu legen. Das bedeutet, daß sie all die Schönheit, die sie in sich tragen und die dem Wissen dient, tief in sich zurückdrängen und ihre innere Kraft davongleiten lassen.

Der Fluß der sexuellen Energie, sagt das Tantra, ist der Fluß des Lebens und der lebenspendenden Energie. Wird er behindert, so steht er still und wird im Innern eingeschlossen.

Gibt man ihm dagegen die Möglichkeit, frei zu strömen, so vervielfachen sich seine Kräfte, und die kreativen Energien werden zur Macht der Kreativität. Die Kontrolle der sexuellen Energie bedeutet nicht, diesen Energiefluß zu blockieren; vielmehr erlaubt uns die Kontrolle, die Energie zu lenken und zu kanalisieren; unser Leben in seiner Fülle zu leben, jeden Tag zu genießen, die inneren Kräfte dazu zu verwenden, Lust zu geben und zu empfangen – im Austausch mit einem anderen Menschen und mit der Welt.

Es ist nicht nur so, daß das Alter im tantrischen Leben ohne Bedeutung ist, sondern daß das Tantra selbst ein Schlüssel zu langem Leben ist.

Der mehrfache Orgasmus der Frau

Die tantrischen Texte weisen darauf hin, daß die Frau – im Gegenteil zum Mann, der im sexuellen Akt zu einem Orgasmus, der Ejakulation, hinstrebt – mehr als einen Orgasmus während eines Aktes erleben kann.

Die tantrischen Texte gehen noch weiter und teilen die Frauen in drei Gruppen ein, *Vegas* genannt, die sich durch die Häufigkeit ihrer Orgasmen unterscheiden:

1. *Chanda-Vega:* Die Frau, die mit Leichtigkeit mehrere Orgasmen erreicht.
2. *Madhyama-Vega:* Die Frau, die nur einen Orgasmus innerhalb eines sexuellen Aktes erreicht.
3. *Manda-Vega:* Die Frau, die selten einen Orgasmus erreicht.

Um der Deutlichkeit willen wollen wir das Tantra in modernes Vokabular umsetzen und diese drei Gruppen als Typ eins, Typ zwei und Typ drei bezeichnen und jeden im Zusammenhang mit den tantrischen Erläuterungen und Vorschlägen besprechen.

Typ eins: Der Gebrauch der tantrischen Wahrnehmungsübungen sollte dazu dienen, die Lust der wiederholten Orgasmen zu steigern. Durch die *Kontrolle* des Orgasmus kurz vor seinem Ausbruch im sexuellen Akt und durch die darauf folgende Lockerung der Kontrolle wird die *Intensität* des Orgasmus gesteigert. Das Tantra empfiehlt, daß dieser Frauentyp das besondere Ritual des vaginalen Orgasmus, wie auch die Entwicklung des verlängerten Orgasmus und der tantrischen Vagina praktizieren sollte.

Typ zwei: Das Tantra erklärt, daß dieser Typ kein Verlangen danach hat, mehrere Orgasmen zu erleben. In diesem Fall sollte die Frau die Kontrolle ihres Orgasmus mehrere Male während eines sexuellen Aktes einsetzen – Annäherung an den Orgasmus, dann Rückzug (verlängerter Orgasmus) – und so ihren vereinzelten Orgasmus mit größerer Ekstase, Kraft und Energie anreichern.

Das Tantra schlägt vor, daß dieser Frauentyp das Ritual des verlängerten Orgasmus zu diesem Zweck praktizieren sollte.

Das Tantra sagt jedoch auch, daß die Frau dieses Typs die Möglichkeit, mehrere Orgasmen zu erreichen, nicht außer acht lassen sollte. Im allein vollzogenen Kontroll-Ritual sollte sie sich selbst wiederholt an die Grenze zum Orgasmus bringen und dann die Kontrolle einsetzen. Sobald ihr dies leichtfällt, sollte sie die Wahrnehmungs-Rituale und Bilder allein oder mit einem Partner praktizieren, um ihre Erregung zu steigern. Dann sollte sie, wenn sie mit einem Partner ein Ritual in der Art der Siebten Nacht vollzieht, mit ihrem Partner über ihren Wunsch nach mehreren Orgasmen sprechen. Der Mann masturbiert sie bis zum Punkt des einsetzenden Orgasmus und hält dann inne, während sie die Kontrolle aufbaut; dann masturbiert sie der Mann wieder, bis sie ganz zum Orgasmus kommt. Beide Partner sollten die Kontrolle aufrechterhalten, solange sie mit dem Vorspiel befaßt sind. Dann sollte der Mann alle Bereiche ihres Körpers oral stimulieren, mit dem Höhepunkt in Cunnilingus, bis sie die Grenze zum Orgasmus erreicht hat, und dann innehalten, bis die Kontrolle gefestigt ist. Daraufhin sollte der Mann die orale Stimulierung ihres Körpers wiederholen. Er setzt wieder Cunnilingus ein, bis sie den zweiten Orgasmus erreicht hat. Dann folgt noch einmal die Wahrnehmungs-Stimulierung ihres Körpers mit Händen und Mund, der zum sexuellen Akt und zu ihrem dritten Orgasmus führt.

Wenn das Paar sich auf diese Übung des mehrfachen Orgasmus geeinigt hat, muß der Mann unbedingt die Kontrolle bewahren, bis die Frau ihren dritten Orgasmus erreicht hat. Die Frau sollte, wenn sie sich dafür entschieden hat, es mit dieser Übung zu versuchen, zulassen, daß sie wiederholt stimuliert wird, auch wenn sie in der Vergangenheit jeweils nur einen Orgasmus gehabt hat.

Wenn die Übung beendet ist und die Frau drei Orgasmen in einem Akt des Liebesspiels gehabt hat, kann sie möglicherweise den Wunsch haben, vier Orgasmen zu erreichen. Doch sollte sie auf jeden Fall wenigstens dreimal innerhalb einer Woche die Übung vollzogen und den dreifachen Orgasmus erlebt haben, bevor sie sich dazu entscheidet, im tantrischen Liebesspiel vier Orgasmen zu erreichen. Sie kann sich jedoch auch nach erfolgreicher Praxis des mehrfachen Orgasmus für einen einzigen Orgasmus entscheiden.

Typ drei: Schon vor zweitausend Jahren weigerte sich das Tantra, die Existenz dessen, was manche Leute heute eine frigide Frau nennen, anzuerkennen. Ebenso wie die modernen Psychologen nahm es an, daß es sich dabei lediglich um Hemmungen handelte, die beseitigt werden mußten.

Die ersten beiden Allein-Rituale der Wahrnehmung für die Frau sind dazu konzipiert, eine bessere Kenntnis des eigenen Körpers und der eigenen Sinnlichkeit zu ermöglichen. Diese Übungen sind von größter Wichtigkeit für diesen Frauentyp. Außerdem sollte sie sich mit großer Hingabe auf das Yantra der Wahrnehmung konzentrieren. Was ihre täglichen Übungen betrifft, so legt das Tantra ihr dringend einen weiteren Schritt nahe: Jeden Tag sollte sie allein (ungeachtet ihrer übrigen sexuellen Aktivität) die Wahrnehmungs-Übungen vollziehen und sich bis zum Orgasmus masturbieren.

Im Konditionierungsprozeß des Tantra wird »Orgasmus durch Orgasmus erzeugt«. Je mehr Orgasmen erlebt werden, desto leichter können sie erreicht werden.

Wenn sie nicht in der Alleinpraxis in der Lage ist, den Orgasmus durch Masturbation zu erreichen, so muß sie ihre Befangenheit überwinden und dies als schlichte Tatsache ihrem Partner erklären.

Trotz ihrer Unfähigkeit zum Orgasmus sollte die Frau mit ihrem Partner die Paar-Rituale vollziehen.

Jede Nacht sollte sie nach dem beschriebenen Ritual und dem Ablauf der verlangten Stunde in das Schlafzimmer zurückkehren, und die Frau sollte noch einmal den Mann zum Zeugen ihres Wahrnehmungs-Rituals werden lassen, in dem sie sich selbst masturbiert. Doch sollte sie sich diesmal nicht um Kontrolle

bemühen, sondern zulassen, daß die Masturbation in den Orgasmus mündet.

Ihre Hemmungen können durch die Anwesenheit des Mannes beseitigt werden, und dies kann ihr helfen, zum Orgasmus zu kommen.

Ist dies jedoch nicht der Fall, so empfiehlt das Tantra, daß der Mann alles versuchen sollte, »was er sich nur vorzustellen vermag«, um ihr zum Orgasmus zu verhelfen. Einige der tantrischen Texte sprechen vom Gebrauch eines Dildo (einer Penisnachbildung), andere von einer weichen Feder, um die Klitoris, das Perinäum und den Anus zu kitzeln und zu reizen. Es ist vollkommen in Ordnung, wenn der Mann oder die Frau selbst einen Vibrator benützen, um ihr zu helfen, zum Orgasmus zu kommen.

Ist der Orgasmus erreicht (und wenn genügend Varianten versucht wurden, dann *ist* er erreicht worden), so wird sie sich ohne Schwierigkeiten auch allein bis zum Orgasmus masturbieren können, indem sie das Wahrnehmungs-Mantra verwendet und das Yantra entstehen läßt, das sich beim ersten Orgasmus spontan eingestellt hat. Von ihrerer eigenen erfolgreichen Masturbation führen die Schritte des Tantra folgerichtig dahin weiter, daß sie mit Erfolg von ihrem Partner masturbiert werden und dann mit Cunnilingus zum Orgasmus gebracht werden kann.

Von da an kann sie zu den Übungen weitergehen, die zum mehrfachen Orgasmus führen.

Alle Frauen auf dieser Welt sind verschieden voneinander. Zeit und der Gebrauch der tantrischen Wahrnehmung, Kontrolle und Kanalisierung sind die Schlüssel zum mehrfachen Orgasmus, ebenso wie zu den Wonnen des Tantra.

Erektion

Üblicherweise entsteht die Erektion des Mannes im Laufe des sexuellen Vorspiels und durch die Erwartung des Aktes.

Aber gelegentlich ist die Erektion nicht ganz so einfach zu erreichen.

Das Tantra führt das auf Müdigkeit, Streß und Nervosität zurück. Moderne Psychologen neigen dazu, dem zuzustimmen, was die Tantriker schon lange wußten: daß man mit einer gelassenen Einstellung gegenüber den Schwierigkeiten beim Erigieren zur Lösung des Problems kommt.

Als erstes, sagt das Tantra, soll der Mann, wenn er den sexuellen Kontakt aufgenommen hat und zum Orgasmus gekommen ist, sich *nicht beeilen*, um zu einer erneuten Erektion zu kommen. Er sollte es langsam und in Ruhe geschehen lassen und sich genügend Zeit nehmen, damit die Energie sich erneuern kann.

Wenn der Mann nicht in der Lage ist, zu Beginn der sexuellen Aktivität zur Erektion zu kommen, so wird ihm dieselbe Haltung der Gelassenheit empfohlen. Die Partnerin des Mannes wird ohne Zweifel das Problem ebenso wahrnehmen wie der Mann, und ihre Haltung sollte ebenfalls eine gelassene sein.

Was immer der Grund für das Problem sein mag – es geht darum, die Erektion zustande zu bringen, und die tantrischen Texte legen dazu folgendes nahe:

Der Mann legt sich nackt in der Wahrnehmungs-Stellung auf das Bett. Er entspannt sich und konzentriert sich *nicht* darauf, zur Erektion zu kommen, sondern darauf, das Vorstellungsbild der Wahrnehmung entstehen zu lassen. Er spricht drei Wahrnehmungs-Mantras.

Seine Partnerin sitzt am Bettrand, ohne ihn zu berühren, und verhält sich ganz ruhig. Sie sollte auf seiner *linken* Seite, seinen Füßen zugewandt, sitzen.

Der Mann läßt langsam seine Hände über seinen Bauch zur Basis des Penis gleiten. Sein rechter Zeigefinger und Daumen umfassen die Penisbasis. Seine linke Hand ergreift die Hoden.

Jetzt konzentriert er sich mit geschlossenen Augen auf das Vorstellungsbild der Muskel-Kontraktions-Übung. Er imaginiert seinen Penis mit allen Muskeln und den »leeren Röhren« innerhalb des Penis. Er drückt nun die Finger und Daumen, welche die Penisbasis umfassen, zusammen und zieht sie langsam mit Druck aufwärts, von der Basis bis zur Spitze des Penis. *Gleichzeitig* spannt er die Muskeln fest an und imaginiert ihre Kontraktion, was auch einschließt, daß er »sieht«, wie sich die Röhren füllen.

Das Kontrahieren, das Gleiten der umschließenden Finger und das Vorstellungsbild sollten simultan koordiniert werden: die Zeit, während der er die Muskelanspannung aufrechterhält, sollte ebensolang sein wie die Zeit, die er braucht, um seine Finger den Penisschaft entlanggleiten zu lassen.

Wenn die Finger die Eichel erreicht haben, sollte er die Kontraktion beendet haben und den Penis loslassen. Dann entspannt sich der Mann einige Minuten lang.

Jetzt sollte dasselbe wiederholt werden: Umfassen, Druck, Ziehen der Finger von der Basis zur Spitze, begleitet von der Muskelkontraktion.

Dann wird der Vorgang ein drittes Mal wiederholt. Danach läßt der Mann seine gefalteten Hände auf dem Bauch ruhen.

Er behält seine Stellung mit geschlossenen Augen bei.

Die Frau richtet ihren Blick auf die Genitalien des Mannes. Ihre *rechte* Hand greift nach dem Penis, Zeigefinger und Daumen umfassen ihn an der Basis. Ihre linke Hand umschließt und massiert sanft die Hoden – langsam, und nur die Hoden. Ihr Zeigefinger und Daumen drücken auf die Penisbasis.

Wenn der Mann den Druck spürt, spannt er die Muskeln fest an.

Sobald die Frau die Muskelkontraktion des Mannes wahrnimmt, zieht sie ihre Finger über den Penisschaft zur Eichel. Ihr Druck erzeugt eine Empfindung von »Ziehen« am Penis; doch sollte sie dabei – ebenso wie zuvor der Mann – soviel Druck anwenden, daß die Finger nur langsam über den Schaft gleiten.

Wenn sie die Lockerung der Kontraktion spürt, läßt sie den Penis los. Sie soll *nicht* mit ihren Fingern *zurück* zur Penisbasis gleiten, sondern ihn in seine natürliche Lage »fallen« lassen.

Wieder umfaßt die Frau die Basis des Penis; der Mann kontrahiert, die Frau läßt die Finger über den Schaft zur Eichel gleiten, die Frau lockert ihren Griff, sobald sie die Entspannung spürt.

Der Vorgang wird dann ein drittes Mal wiederholt. Danach streckt der Mann seine Beine auf dem Bett aus und öffnet die Augen. Er und die Frau entspannen sich, während sie im stillen drei Wahrnehmungs-Mantras wiederholen.

Dann legt sich der Mann auf den Bauch. Die Frau ändert ihre Stellung nicht, befindet sich aber jetzt, da der Mann sich umgedreht hat, an seiner *rechten* Seite.

Der Mann nimmt nun eine kniende Haltung ein und stützt sich auf den Ellenbogen ab. Dann spreizt er seine Knie so weit auseinander, wie es ihm bequem möglich ist, faltet seine Arme und läßt seinen Kopf auf den Unterarmen ruhen.

Die Frau sollte mit der linken Hand um des Mannes rechte Hüfte greifen können, um die Hoden in die Hand zu nehmen.

Ihre rechte Hand führt sie mit nach innen gewandter Handfläche unter den Bauch des Mannes und läßt sie bis zum Penis gleiten; sie umfaßt die Penisbasis mit Zeigefinger und Daumen.

Der Mann konzentriert sich jetzt auf das Yantra der Muskelkontraktion und spannt die Muskeln an. Sobald die Frau die Kontraktion spürt, zieht sie ihre Finger mit Druck von der Basis zur Eichel. Aufgrund der Haltung des Mannes entspricht dieser Vorgang dem des »Melkens«.

In tantrischen Texten wird er wörtlich als »Melken des Penis zur Erektion« bezeichnet.

Sie sollte in dem Augenblick damit aufhören, in dem sie die Muskelentspannung des Mannes spürt. Noch einmal: sie soll ihre Finger *nicht* von der Spitze zur Basis des Penis zurückgleiten lassen. Physiologisch gesehen entsteht die Erektion dadurch, daß sich die normalerweise leeren Röhren im Penis mit Blut füllen, was ihn anwachsen und sich zur Erektion versteifen läßt.

Dieses Melken, verbunden mit der Muskelkontraktion, schafft einen Sog, der den Füllvorgang, der zur Erektion nötig ist, unterstützt.

Der Mann kontrahiert seine Muskeln dreimal, die Frau melkt den Penis jedesmal und läßt ihn dann los.

Nach der dritten Kontraktion sollte der Mann mit der Kontraktionsübung aufhören, aber in der Haltung »auf allen vieren« bleiben und sich auf die Empfindungen konzentrieren, die durch die Aktionen der Frau in seinem Körper hervorgerufen wurden.

Nachdem er die dritte Kontraktion beendet hat, sollte die Frau mit dem Melken fortfahren. Auch wenn der Penis zu wachsen beginnt und sich versteift, sollte sie das Melken von der Basis zur Spitze weiterführen, wobei ihre Finger nicht zur Basis zurückgleiten dürfen.

Gleichzeitig sollte die Frau mit ihrer linken Hand weiterhin die Hoden und gelegentlich auch das Perinäum und die rektalen Muskeln massieren und auf diese Weise langsam und sanft (niemals schnell oder heftig) die Erregung steigern.

Wenn der Mann auf die Melkübung zu reagieren beginnt, kann er den Kopf heben und sich auf den Knien im Bett erheben.

Wenn er das tut, entfernt die Frau beide Hände von seinen Genitalien. Sie legt sich auf den Rücken, die Füße am Kopfende des Bettes, so daß der Kopf unter die Genitalien des Mannes zu liegen kommt. Der Mann beugt sich vor und stützt sich auf die Ellenbogen. Die Vagina der Frau befindet sich vor seinem Gesicht, wodurch seine Erregung sich steigert. Er befindet sich in einer Haltung, in der er die Genitalien der Frau berühren, ihre Hüften in die Arme nehmen, ihre Schamlippen öffnen und ihre Klitoris küssen kann, wann immer er will.

Die Frau befindet sich mit ihrem Kopf ebenfalls in nächster Nähe seiner Genitalien.

Wenn sie ihre linke Hand hebt, kann sie seine Hoden, das Perinäum und die analen Muskeln stimulieren.

Mit der rechten Hand greift sie nach oben und umfaßt die Penisbasis mit Zeigefinger und Daumen. Sie fährt mit dem Melken fort.

Wenn sie nach einer Melkbewegung den Penis losgelassen hat, hebt sie den Kopf, umfaßt die Penisbasis mit Zeigefinger und Daumen und läßt den Penis so weit wie möglich in ihren Mund eindringen. Sie schließt die Lippen um den Penis und saugt fest daran. Während sie saugt, melkt sie den Penis mit ihren Fingern, bis der immer noch saugende Mund zurückgleitet und den Penis losläßt. Dieser Vorgang sollte vielfach wiederholt werden. Wenn man den eigenen Unterarm saugend küßt, so kann man feststellen, daß die Haut sich vom angesogenen Blut rötet. Dasselbe geschieht mit dem Penis. Das Melken erzeugt einen Blutstrom zum Penis

hin, und das orale Saugen zieht den Strom in die leeren Röhren und verursacht die Erektion.

Die Empfindung, die der Mann dabei hat, ist alles andere als »klinisch«. Das Melken ist außerordentlich erregend, vor allem, wenn es mit dem Kneten der Hoden, des Perinäums und der Analzone verbunden ist.

Das Melken des Penis ist eine ganz köstliche Empfindung.

Und es besteht kaum ein Zweifel, daß sich eine Erektion einstellen wird.

Der Mann kann die Muskelkontraktion einsetzen, wann er will, um den Prozeß der Erektion zu unterstützen. Wenn er will, kann er den Kopf beugen und dem erotischen Vorgang des Melkens und Saugens zuschauen.

Die ganze Übung ist so erregend für den Mann, daß er gerne als Teil des Vorspiels einbezogen wird, vor allem beim zweiten Mal.

Ist die Erektion entstanden, so können Mann und Frau je nach Wunsch in dieser Stellung mit dem Fellatio und Cunnilingus fortfahren; oder der Mann kann sich auf den Rücken legen und die Frau sich über ihn knien, in einer Haltung, in der sie den Mann weiter mit Fellatio stimuliert und er ihre Vagina ebenfalls oral erregen kann.

Sie können ihr Liebesspiel in dieser Weise zu Ende führen oder die Stellung ändern – wie immer sie wollen.

Es sollte darauf hingewiesen werden, daß viele Männer bei dieser Übung zur Anregung der Erektion zusätzliche Aspekte der analen Stimulierung sehr schätzen. Das ist natürlich eine ganz persönliche Sache, über die sich die Partner einigen sollten. Ohne Zweifel wird dieses Ritual den Zweck erfüllen, zu dem es geschaffen wurde: eine Erektion zu erreichen.

Die tantrische Vagina

Eine der grundlegenden Lehren des Tantra ist die Entwicklung der sogenannten »tantrischen Vagina«, eine Erweiterung des weiblichen Allein-Rituals der Muskelkontraktion und -kontrolle.

In diesem Ritual liegt die Betonung nicht nur auf den Kontraktionen selbst (dem körperlichen Aspekt der Übung), sondern auf dem damit verbundenen Vorstellungsbild der Vagina als Tunnel oder Durchgang, der von Muskellagen umgeben ist, was ja tatsächlich der Fall ist. Es wurde vorausgesetzt, daß diese Übung allein praktiziert wurde, und ebenso in den Paar-Ritualen in der kontemplativen Haltung um den in die Vagina eingeführten Finger des Mannes.

Dieselbe Übung war auch in dem Paar-Ritual enthalten, in welchem sie mit dem in die Vagina eingeführten Penis in der Frau-oben-Stellung praktiziert wurde. Das Tantra stellt fest, daß die Übung regelmäßig in allen drei Arten ausgeführt werden sollte. Diese Praxis befähigt die Frau, ihre vaginalen Muskeln mit größter Leichtigkeit anzuspannen und genau zu bestimmen, welche Muskeln sie anspannt, ohne die damit verbundenen Bauch- und Oberschenkel-Muskeln mit einzubeziehen. Sie kann eine Stufe erreichen, auf der sie fähig ist, die Kontraktion über lange Zeit hin aufrechtzuerhalten.

Diese Kombination von Fertigkeiten bildet die tantrische Vagina, durch welche die sexuelle Lust sowohl der Frau als auch des Mannes außerordentlich gesteigert werden kann.

Durch das Anspannen der vaginalen Muskeln kann die Frau die inneren Wände der Vagina in vollständigeren Kontakt mit dem ganzen Schaft des Penis bringen und so die Reibung bedeutend verstärken. Die angespannten Muskeln, die nach dem Penis »greifen«, können den Mann in höchste ekstatische Erregung versetzen.

Mit dieser Muskelkontrolle kann die Frau die Bewegungen und die Koordination aufrechterhalten, die zum vaginalen Orgasmus nötig sind.

Diese Fähigkeit wird als eine der besten Leistungen der tantrischen Lehre betrachtet. Und doch ist sie relativ einfach zu erwerben; sie verlangt lediglich die Zusammenarbeit der Partner und Beharrlichkeit im Üben.

Als erstes sollte die Frau *täglich* die Muskelkontraktionsübung praktizieren. Sie sollte ein Teil ihres tantrischen Rituals sein.

Zudem sollte sie die Kontraktionen selbst oftmals während des Tages üben. Ein Vorschlag lautet, daß die Kontraktionen *zwölfmal* zwischen dem Aufstehen am Morgen und dem Schlafengehen am Abend ausgeführt werden sollten. Das ist nicht zuviel, wenn man bedenkt, daß innerhalb von höchstens zwei Minuten drei Kontraktionen gehalten und gelöst werden können.

Zweitens sollte die Frau mit ihrem Partner über die Übung zur Entwicklung der tantrischen Vagina sprechen. Beide sollten diese Übung zu einem Teil ihres gemeinsamen Rituals machen.

Die Praxis dieses Rituals gibt dem Mann, wenn er mit einbezogen ist, soviel Lust, daß er sich kaum weigern wird, mit der Frau daran zu arbeiten, die tantrische Vagina zu entwickeln.

Im Verlauf des Vorspiels oder der Rituale des Tantra, die von dem Paar allnächtlich vollzogen werden, gibt es einen Punkt, an dem der Mann seinen rechten Zeigefinger tief in die Vagina der Frau einführt, um sie zu stimulieren. Hier sollten drei lange Kontraktionen der Vagina um den Finger erfolgen. An einer anderen Stelle des Rituals oder des Vorspiels sollte die Frau die Position über dem Mann einnehmen; der Mann bleibt still liegen, während die Frau die drei Kontraktionen um den Penis vollzieht. Bei der dritten Kontraktion sollte die Frau die Muskeln so fest anspannen, wie sie kann, und gleichzeitig langsam den Unterleib anheben. Zuerst wird das dazu führen, daß sie sich vom Penis weghebt und er aus der Vagina herausgleitet. Doch wenn sich die Kraft der vaginalen Muskulatur zunehmend entwickelt, wird es die Empfindung erzeugen, als ziehe die Frau mit ihren vaginalen Muskeln den Mann am Penis hoch.

An dem Punkt des Rituals oder Vorspiels, an dem der Mann die Stellung über der Frau einnimmt, sollte er, sobald der Penis tief in die Vagina eingedrungen ist, eine Minute lang ganz still liegen und der Frau ermöglichen, noch einmal drei Kontraktionen vorzunehmen. Wenn sie das dritte Mal kontrahiert, sollte der Mann langsam den Penis aus der Vagina ziehen, während sie die Kontraktion aufrechterhält.

Nachdem die vaginalen Muskeln einen gewissen Grad der Entwicklung erreicht haben, wird es sein, als hielten sie den Penis fest, um ein Zurückziehen zu verhindern – als sei er eingefangen.

Das kann einer der lustvollsten Teile des sexuellen Spiels werden. Nach einiger Zeit wird die Frau fähig sein, ihre Muskeln lange andauernd und mit wesentlich mehr Kraft zu kontrollieren.

In den tantrischen Texten gibt es Geschichten über die Entwicklung der tantrischen Vagina, in denen es heißt, daß die Entwicklung so weit gehen kann, daß die um den Penis zusammengezogenen Muskeln eine Ejakulation verhindern können. Und wenn der Mann einen Orgasmus gehabt hat und sein Penis geschrumpft ist, können ihn die vaginalen Muskeln festhalten, so daß er nicht aus der Vagina gezogen werden kann, bevor es die Frau durch die Lockerung der Muskeln erlaubt.

Die Muskeln der Vagina können, wie alle anderen Muskeln des Körpers, durch Übung gestärkt werden. So kann man den tantrischen Geschichten über die Entwicklung der ungeheuer kraftvollen tantrischen Vagina ruhig Glauben schenken.

Alles, was dazu nötig ist, ist Ausdauer.

Der vaginale Orgasmus

Das Tantra anerkennt die Tatsache, daß das Zentrum der sexuellen Lust der Frau in der Klitoris liegt und daß die Frau durch die Erregung der Klitoris und anderer erogener Zonen zum Orgasmus kommt.

Trotzdem widmen die tantrischen Texte eine beachtliche Menge an Erläuterungen und Vorschlägen dem Thema des vaginalen

Orgasmus – dem Erreichen des Orgasmus ohne Klitorisstimulierung zum Zeitpunkt des Orgasmus.

Die tantrischen Texte machen das Gelingen des vaginalen Orgasmus abhängig von der Entwicklung der vaginalen Muskulatur und den folgenden Übungen:

Wenn die Frau im Verlauf des Liebesspiels zum Orgasmus kommen möchte und sie die Fähigkeit zum vaginalen Orgasmus entwickeln will, sollte sie sich zunächst stimulieren lassen, wobei ihr Partner diesmal auf dem Rücken liegt. Sie nimmt die Stellung über dem Mann ein, mit den über seinem Unterleib gespreizten Beinen. Dabei *ist sie mit dem Gesicht seinen Füßen zugewandt* und läßt sich über den Penis sinken, so daß er gut in die Vagina eindringt. Dann kann sie die entsprechenden Hüftbewegungen machen, die ihr am meisten Reiz und Lust verursachen.

In dieser Stellung hat die Klitoris keinen Kontakt mit irgendeinem Teil des männlichen Körpers.

Wenn sie durch die Hüftbewegungen allein nicht zum Orgasmus kommt, kann sie ihre Klitoris mit den Fingern stimulieren. Doch in dem Augenblick, in dem sie den Orgasmus kommen fühlt, sollte sie damit aufhören, statt dessen die Hüftbewegungen verstärken und ohne jede Klitorisreizung mit den Muskelkontraktionen beginnen, die zu einer größeren Reibung zwischen den vaginalen Wänden und dem Penis führen. Diese Kontraktionen werden stark und oft wiederholt und mit den erregenden Hüftbewegungen verbunden.

Der näher kommende Orgasmus sollte ohne jede Stimulierung der Klitoris stattfinden.

Wenn diese Übung die ersten paar Male ermüdend wirkt und das Gefühl des sich nähernden Orgasmus abzuklingen beginnt, kann die Frau kurz die Stimulierung der Klitoris erneuern, soll aber sofort damit aufhören, wenn sie den Orgasmus wieder kommen fühlt; sie wendet ihre Aufmerksamkeit dann wieder ganz den möglichst lustvollen Bewegungen der Hüften zu und kombiniert diese mit den Muskelkontraktionen. Viele Tantrikerinnen haben die Fähigkeit zum vaginalen Orgasmus entwickelt. Sie behaupten, daß er nicht schwer zu erreichen sei und ein Ausmaß an Lust gewähre, das mit einem normalen Klitorisorgasmus nicht zu vergleichen sei. Es wird einfacher mit der Praxis.

Und es gibt noch eine andere Methode, um zum vaginalen Orgasmus zu kommen, die mit der oben beschriebenen abgewechselt werden kann.

Wenn die Frau genügend sexuell erregt ist, legt sie sich nach dieser zweiten Methode auf den Bauch und hebt leicht die Hüften an. Der Mann führt den Penis von hinten in die Vagina ein, von den Hüftbewegungen der Frau unterstützt. Er legt sich *nicht* mit dem ganzen Gewicht seines Körpers auf den Rücken der Frau, sondern läßt sich von seinen Armen und Knien tragen, so daß die Frau sich frei bewegen kann.

Für die ersten paar Male wird empfohlen, daß die Frau ihre Hände benützt, um die Klitoris zu stimulieren, bis sie den Orgasmus kommen fühlt, dann mit der Stimulierung der Klitoris aufhört und mit den Kontraktionen um den Penis beginnt, während er sich in ihr bewegt und sie ihrerseits mit den Hüften agiert, um den Reiz zu steigern.

Wenn die Frau es wünscht, kann auch der Mann mit der rechten Hand um ihre Hüfte herumfassen und mit Zeigefinger und Daumen die Klitoris stimulieren – aber der Mann muß daran denken, daß die Frau keinen Klitorisorgasmus haben möchte. Sobald sie den Orgasmus kommen fühlt, sollte sie nach dem Arm des Mannes fassen, um ihm das Signal zu geben, und er sollte augenblicklich seine Hände zurückziehen, um jede weitere Reizung der Klitoris zu vermeiden.

Der Mann sollte das Kontroll-Mantra und -Yantra benützen, um seine eigene sexuelle Erregung unter Kontrolle zu halten, während die Frau die Muskelkontraktionen vollzieht und zum Orgasmus kommt. Die Frau beginnt nach Beendigung der Stimulierung mit den Kontraktionen und denselben Bewegungen, die sie in der Frau-oben-Stellung vorgenommen hat, bis der Orgasmus kommt.

Wenn dies regelmäßig praktiziert wird, entsteht eine Konditionierung zum vaginalen Orgasmus, und sie kann so weit entwickelt werden, daß das Eindringen des Penis in die Vagina in jeder Stellung zum vaginalen Orgasmus führt, ohne jegliche zusätzliche Klitorisreizung außer der, die zum Vorspiel gehörte, durch das die einleitende sexuelle Erregung erzeugt wurde. Wenn die Stellung eingenommen ist und die Kontraktionen beginnen, wird der Orgasmus ohne irgendeine Stimulierung der Klitoris stattfinden können.

Der verlängerte Orgasmus

Dieses Ritual wird vom Tantra für das sexuelle Vergnügen der Frau als ebenso wichtig erachtet wie der mehrfache Orgasmus und die »Freuden der tantrischen Vagina«. Für den Mann bedeutet der verlängerte Orgasmus ebenso eine außerordentliche Steigerung seiner Lust und ermöglicht es ihm, so lange sexuell aktiv zu bleiben, wie er will.

Der »verlängerte Orgasmus« erklärt sich selbst. Er bedeutet wörtlich, daß der üblicherweise kurzfristige Orgasmus über eine längere Zeitspanne hin ausgedehnt wird. Die Texte zitieren Beispiele von weiblichen Orgasmen, die zehn Minuten oder länger dauerten – ein einziger anhaltender Orgasmus, der sich ohne Unterbrechung über diesen ganzen Zeitraum erstreckte. Und es sind männliche Tantriker bekannt, die eine Stufe erreichten, auf der ein Orgasmus vom Beginn der Ejakulation bis zur Beendigung der Ejakulation und der Orgasmusempfindung »wohl die Dauer von zehn bis zwanzig Minuten erreichte«.

Der Schlüssel zum verlängerten Orgasmus liegt im Kontroll-Ritual.

Das Tantra sagt, daß Frau und Mann dieses Ritual getreu den Anweisungen geübt haben sollten und über alle Aspekte der Kontrolle in den Paar-Ritualen verfügen müssen, bevor sie mit dem Versuch zum verlängerten Orgasmus beginnen können. Der Test, ob das Kontroll-Ritual und die Kontrolle des Paar-Rituals beherrscht werden, ist einfach: Ist es möglich, sich beim Masturbieren an der äußersten Grenze zum Orgasmus zu halten und sich in einen Zustand der Kontrolle zurückzubringen, ohne den Orgasmus kommen zu lassen? Ist es möglich, sich im Zusammensein mit dem Partner anzuhalten und ganz kurz vor dem Orgasmus die

Kontrolle zu erlangen, ob man nun vom Partner masturbiert, oral stimuliert wird oder ob man den Akt vollzieht? Wenn man in der Lage war, sich bis an die Grenze zum Orgasmus kommen zu lassen, beendet man jegliche Stimulierung und *benützt das Kontroll-Mantra und -Yantra*, um die Kontrolle aufzubauen, bevor man tatsächlich zum Orgasmus gekommen ist. Dann ist man bereit für diese neue tantrische Erfahrung, den verlängerten Orgasmus.

Es wird betont, daß man fähig sein *muß*, das Kontroll-Mantra und -Yantra als Kontrollhilfsmittel einzusetzen – daß die Kontrolle sofort erlangt wird, wenn das Mantra gesprochen wird und man es auf die schwarze Leere des Yantra *schreibt*. Denn dann fließt die gesamte Kraft der Konzentration in die Kontrolle, und man kann sich anhalten, an welchem Punkt man will.

Das Kontroll-Ritual sollte in dieser Weise vollzogen und alle Anweisungen genau befolgt werden. Wenn der Orgasmus nahe bevorsteht, geht man zum Kontroll-Mantra und -Yantra über und hört auf zu masturbieren. Die Frau sollte ihre Hand entspannt auf der Vagina liegenlassen; der Mann kehrt mit seinen Händen in die entspannte Haltung auf dem Bauch zurück. Hat man eine absolut sichere Kontrolle errichtet, so daß man weiß, daß der nahe bevorstehende Orgasmus *nicht* stattfinden wird, lockert man sie und beginnt wieder zu masturbieren. Man wird sich in einem solch erregten Zustand befinden, daß der Orgasmus sehr schnell näher kommen wird – und in diesem Augenblick wird die Masturbation wieder abgebrochen und zum Kontroll-Mantra und -Yantra übergegangen, um wieder die Kontrolle zu erlangen. Wenn man sich der Kontrolle ganz sicher ist, beginnt man wieder zu masturbieren.

Dieser Ablauf wird *neunmal* wiederholt. Nachdem also neunmal die Kontrolle eingesetzt wurde, überläßt man sich beim zehnten Mal dem Orgasmus. Er wird eine Intensität haben, wie man sie nie zuvor beim Masturbieren erlebt hat.

Man kann, wenn man einen sehr willigen Partner hat, ihm oder ihr nahelegen, daß man in dieser Weise masturbiert werden möchte, aber in diesem Fall *muß* er oder sie diese Ziele verstehen

und zur Zusammenarbeit bereit sein, das heißt, die Stimulierung abbrechen, sobald das Signal gegeben wird, damit man sich unter Kontrolle bringen kann. In den ersten Nächten sollte die Übung ohne den Partner vollzogen werden. Zur Abwechslung können auch beide Partner in getrennte Zimmer gehen und das Kontroll-Ritual praktizieren; sie bringen sich neunmal bis an die Grenze zum Orgasmus und setzen neunmal die Kontrolle ein. Dann können sie wieder zusammenkommen und den Orgasmus geschehen lassen, wie sie wollen.

Bei jeder entsprechenden Gelegenheit sollte man versuchen, sich näher und näher an den Orgasmus heranzuführen, und gleichzeitig aber sicher sein, daß man sich jederzeit in den Zustand der Kontrolle zurückziehen kann, wie nahe der Orgasmus auch herangerückt sein mag.

Wenn diese vollkommene Kontrolle geübt wird, kann man schneller zur Masturbation zurückkehren – dann schneller zur Kontrolle – und so das Gefühl des bevorstehenden Orgasmus mit geistigen Mitteln an- und abschalten.

Nach einiger Zeit wird man feststellen, daß man, wenn man das Kontroll-Mantra und -Yantra anwendet, nicht wirklich aufhören muß zu masturbieren; es genügt, daß die Stimulierung schwächer wird, aber weiter masturbiert wird, während gleichzeitig das Kontroll-Mantra und -Yantra benutzt wird. Es soll so *nahe* wie möglich an die unmittelbare Grenze zum Orgasmus herangegangen werden. Die Masturbation sollte nur abgebrochen werden, wenn das Gefühl entsteht, daß man buchstäblich schon in den Orgasmus hineingerät. Dann konzentriert man sich völlig auf die Kontrolle.

Wenn man das Gefühl hat, daß man die Fähigkeit zur Kontrolle des Orgasmus verbessert hat, indem man ihn beim Beginn aufhielt, kann man zur letzten Phase der Übung übergehen.

Wie in früheren Nächten wird die Übung wiederholt. Nähert man sich dem Orgasmus, setzt die Kontrolle ein, und man wiederholt den Vorgang. Beim vierten Mal stimuliert man zunehmend langsamer, je mehr man sich der Grenze zum Orgasmus nähert. Wenn man spürt, daß der Orgasmus nahe daran ist zu beginnen, läßt man die ersten Wellen des Orgasmus zu; *dann*, wenn der Orgasmus oder die erste Welle der Ejakulation begonnen haben, bricht man die Stimulierung ganz ab und spricht das Kontroll-Mantra. Dies wird große Willenskraft erfordern, aber es wird wirken – und man wird in der Lage sein, den Orgasmus selbst dann noch aufzuhalten, wenn er schon begonnen hat.

Man wird feststellen, daß man dann die Kontrolle vergessen und sich erneut stimulieren kann, und der Orgasmus wird sich fortsetzen. Sobald dies soweit ist, schaltet man die Kontrolle ein und bricht die Stimulierung ab. Man wiederholt diesen Vorgang so lange wie möglich und überläßt sich dann dem Orgasmus.

Sobald man diese Technik zu beherrschen gelernt hat, wird man feststellen, daß man tatsächlich den Orgasmus an- und ausschalten kann, indem man das Mantra und Yantra der Kontrolle verwendet, selbst wenn man weiter masturbiert.

Man kann den Orgasmus abschwellen und wieder beginnen lassen, wie man will, solange man masturbiert. Und der Orgasmus wird nicht an Intensität verlieren und nicht aufhören, bis man die Kontrolle aufgibt. Beim Mann wird das nicht nur das Gefühl des Orgasmus verlängern, sondern auch die Zeitdauer der gesamten Ejakulation des Samens kontrollieren.

Sobald man das gelernt hat, kann man mit demselben An- und Ausschalten der Kontrolle den Orgasmus nach Belieben verlängern, wenn man vom Partner masturbiert wird.

Dann kann man zur Verlängerung des Orgasmus übergehen, wenn man oral stimuliert wird und wenn der Geschlechtsakt vollzogen wird.

Viele Tantrikerinnen, die über die Fähigkeit zum verlängerten Orgasmus verfügen, benützen sie für den mehrfachen Orgasmus.

Wenn die Anweisungen für dieses Ritual genau befolgt werden, kann der Orgasmus so lange angehalten werden, »wie der Tantriker die intensive Lust, die er seinem Körper gibt, ertragen kann«.

Anders als beim weiblichen verlängerten Orgasmus, für den es keinen objektiven »Beweis« gibt (außer den Beschreibungen von Tantrikerinnen, die ihn erlebt haben), kann der verlängerte Orgasmus des Mannes objektiv beobachtet werden.

Und es wurde bezeugt, daß bei einem masturbierenden Tantriker die Zeit von der ersten Welle des Orgasmus und der Ejakulation zwölf Minuten dauerte; und der Penis blieb während der gesamten Dauer von zwölf Minuten erigiert.

Dieser Tantriker brauchte seiner eigenen Aussage nach mehrere Monate intensiven Übens, um den verlängerten Orgasmus zu erlernen.

Viele Tantriker bemühen sich um den verlängerten Orgasmus des Tantra und betrachten ihn als eines der größten Ziele der tantrischen Sexualität.

Oraler Sex: Fellatio

Im tantrischen Sex ist die orale Stimulierung eine natürliche sexuelle Ausdrucksform. Die Techniken des Fellatio sind den Tantrikern schon seit zweitausend Jahren bekannt.

Die orale Stimulierung sollte offen besprochen werden, so daß die Partner die dadurch bewirkte Lust ganz verstehen lernen und wissen, in welcher Weise sie am meisten Reiz erzeugt.

Der Rhythmus der Bewegung des Mundes, der um den Penis geschlossen ist, sollte mehrere Minuten beibehalten und dann geändert werden, um den Akt selbst zu verlängern. Es wird empfohlen, daß die Bewegung des Kopfes abgewechselt werden sollte mit dem Festhalten der Eichel im Mund, wobei sie mit der Zunge umkreist wird.

Während der Kopf sich von der Basis zur Spitze des Penis bewegt, sollte das Saugen nach und nach verstärkt werden.

Dann sollte der Mann seiner Partnerin signalisieren, daß er Kontrolle üben möchte, damit der Orgasmus verhindert wird. Wenn dieses Signal erfolgt, sollte der Mund von der Basis des Penis zurückgleiten und nur die Eichel umschließen. Dann werden die Lippen fest über die Zähne gezogen und die Eichel wird zwischen den Lippen zusammengepreßt, um so eine gewisse Empfindungslosigkeit zu erzeugen, die dem Mann hilft, die Kontrolle aufzubauen und den Orgasmus zu verhindern. Dann kann der Vorgang

des Fellatio wieder aufgenommen werden. Auf diese Weise kann die orale Stimulierung des Penis endlos weitergehen, ohne daß der Orgasmus unfreiwillig stattfindet. Von Zeit zu Zeit sollte während des Fellatio der Penis aus dem Mund genommen und mit den Zähnen an der Eichel und an der Unterseite des Penis zu beiden Seiten der Harnröhre mit zartem Beißen gereizt werden, aber nicht so, daß dabei Schmerz entsteht. Gleicherweise können dieses sanfte Beißen und das Saugen an den Hoden vorgenommen werden.

»TIEFES HINEINNEHMEN«

Der Gedanke, den Penis beim Fellatio bis in die Kehle eindringen zu lassen, ist nicht neu.

Um dies zu ermöglichen, sollte die Frau gleichzeitig durch Nase und Mund atmen, um das Gefühl des Würgens zu vermeiden.

Sie neigt den Kopf zurück in eine Haltung, die Kehle und Mund in eine Linie bringt und es so ermöglicht, daß der Penis ohne Krümmung in den Mund und in die Kehle gleitet.

Allerdings sind in vielen Fällen Mund und Kehle einfach zu klein, um einen Penis ganz aufnehmen zu können. Dann sollte das tiefe Hineinnehmen nicht versucht werden; vielmehr sollte die Aufmerksamkeit der Eichel, dem sanften Beißen und dem Spiel mit der Zunge zugewandt werden.

DAS EJAKULAT

Die Medizin bestätigt, daß das Ejakulat (der Samen) eines gesunden Mannes nicht gefährlich ist, wenn es in den Mund genommen oder geschluckt wird. Natürlich ist das eine persönliche Angelegenheit. Recht oft werden Hemmungen gegenüber der Praxis des Fellatio bei der Partnerin durch das Wissen abgebaut, daß der Tantriker sich stets unter Kontrolle hat, und falls die Partnerin es wünscht, kann er sich entschließen, nicht zu ejakulieren und den Orgasmus unter Kontrolle zu halten.

Sobald diese Hemmungen, die möglicherweise gegenüber der

Fellatiopraxis existieren, überwunden sind, werden auch die zusätzlichen Hemmungen dem Samen und anderen Aspekten des Fellatio gegenüber verschwinden.

Oraler Sex: Cunnilingus

Die tantrischen Texte sagen über die orale Stimulierung des vaginalen Bereichs folgendes:

Die Lippen sollten sanft über den äußeren Bereich der Vagina wandern; entlang der Innenseite der Schenkel, um das Schamhaar herum, um den Venushügel und um die Schamlippen.

Dieselben Bereiche können auch durch Lecken mit der Zunge stimuliert werden.

Je einmal sollten die rechte und die linke äußere Schamlippe sanft in den Mund gesogen und gleichzeitig mit der Zunge stimuliert werden.

Dasselbe sollte mit den inneren Schamlippen geschehen.

Die Zunge kann dann so weit wie möglich in die vaginale Öffnung eingeführt werden.

Besonders betont wird das Orten und Stimulieren der Blasenöffnung, die etwas unterhalb der Klitoris liegt. Dies sollte mit schnelleren Bewegungen der Zunge über die Öffnung geschehen.

Das Stimulieren aller Bereiche um die Klitoris herum mit Zunge und Lippen soll einen indirekten Reiz auf die Klitoris selbst ausüben. Wenn die Stimulierung zunächst die Klitoris *umgeht*, sind die Empfindungen der Klitoris, wenn sie dann *selbst* stimuliert wird, viel intensiver.

Die Klitoris sollte nach allen Seiten geleckt werden. Dann wird sie sanft in den Mund gezogen, die Lippen schließen sich darum und die Zunge schnellt darüber; dann wieder lecken, saugen und darüber schnellen; so wird der Reiz gesteigert.

Wenn der Mann dem Fußende des Bettes zugewandt ist, legt er seinen linken Arm um die Hüften der Frau, um ihr Gesäß, ihre Hüften und Schenkel zu streicheln. Seine rechte Hand liegt auf ihrer Vagina; der rechte Daumen wird in die Vagina eingeführt, und der rechte Zeigefinger massiert das Perinäum und die rektale Öffnung.

Wenn der Mann dem Kopfende des Bettes zugewandt ist, während er zwischen den Beinen der Frau liegt, kann er mit seiner linken Hand ihre Brüste streicheln. Seinen rechten Zeigefinger führt er in die Vagina ein, und mit dem rechten Daumen massiert er das Perinäum und die rektalen Muskeln. Es gibt unzählige Variationen, und wie bei jedem Aspekt der Sexualität empfehlen die tantrischen Texte auch hier das Experimentieren und eine offene und ehrliche Kommunikation zwischen den Partnern, um die zufriedenstellendsten Methoden in Erfahrung zu bringen.

Anale Stimulierung

Der Tantriker wird vor allem im Zusammenhang mit analer Stimulierung daran erinnert, was die tantrischen Texte über die Pflege der Fingernägel zu sagen haben, damit Schmerz vermieden wird, und über genitale Reinlichkeit, die auch die anale Zone einschließt.

Anale Stimulierung verursacht eine entspannte, angenehme Empfindung am Eingang des Rektum. Der Mann oder die Frau liegt in entspannter Haltung und mit geschlossenen Augen auf dem Bauch und konzentriert sich auf die *Gefühle*, die durch die Stimulierung erzeugt werden. Der stimulierte Partner sollte sich auf ein Vorstellungsbild der rektalen Muskeln konzentrieren und sich mit sorgfältiger Gedankenkontrolle das Entspannen der Muskulatur vorstellen. Das Yantra-Bild sollte das der vorhandenen Muskeln in entspanntem Zustand sein. Der Tantriker, der dies versucht, wird feststellen, daß die Muskulatur sich tatsächlich zu entspannen beginnt, obwohl ihre übliche Reaktion auf Stimulierung das Zusammenziehen ist.

Der aktive Partner öffnet den Spalt der Hinterbacken und streicht mit langen, gleichmäßigen Strichen über die anale Zone. Er oder sie küßt den gesamten Hüftbereich und streicht mit der Zunge leicht über die anale Zone. Dieses Streichen sollte kraftvoller werden, wenn der Mund über den Bereich der rektalen Muskeln gleitet. Dann wird auf die Muskeln selbst Druck ausgeübt. Zuerst wird der passive Partner mit einer Kontraktion der Muskeln antworten, aber bei richtiger Übung der Imagination sowie langsamer Stimulierung durch den aktiven Partner werden sich die Muskeln entspannen. In dem Augenblick, in dem die Muskeln sich zu lockern beginnen, sollte der aktive Partner sie mit dem rechten Zeigefinger, der mit etwas Vaseline gleitfähig gemacht wurde, massieren (früher wurde Ziegenbutter empfohlen, weil sie nicht austrocknet; dasselbe gilt für Vaseline, im Gegensatz zu wasserlöslichen Gleitmitteln, die sehr schnell trokken werden).

Zu Anfang sollte der Druck auf die Öffnungsmuskeln des Rektums sehr schwach sein. Gleichzeitig wird eine kreisende Bewegung ausgeführt, die sich nach und nach dem Zentrum der rektalen Muskeln nähert. Ganz langsam kann der Zeigefinger in das Rektum eingeführt werden. Jede Bewegung innerhalb des Rektums sollte sehr langsam und vorsichtig vorgenommen werden.

Der passive Partner läßt mit Hilfe des Entspannungsbildes zu, daß die Muskeln sich lockern und der Finger in das Rektum eindringt. Wenn es schwierig ist, die Muskeln zu entspannen, sollte der passive Partner »nach außen pressen« wie beim Stuhlgang. Dies entspannt die Muskulatur und läßt den Finger leicht eindringen.

Nach und nach schiebt sich der Finger tiefer in das Rektum. Nur am Außenrand ist Widerstand zu spüren. Aufgrund der Lust, die sich dabei einstellt, wird sich der anfängliche Widerstand bald lösen, und der Finger kann in seiner ganzen Länge eingeführt werden.

Innerhalb des Rektums sollte der Finger einige Augenblicke lang stillhalten.

Viele Frauen haben aufgrund von Hemmungen und Furcht vor Schmerzen niemals anale sexuelle Erfahrungen gemacht. Die Hemmungen sollten mit der äußeren Stimulierung und mit Anilingus zu überwinden sein. Die Furcht vor Schmerzen wird durch die erzeugte Lust gewiß beseitigt.

Wenn der Zeigefinger sich im Rektum der Frau befindet, sollte sie sich langsam auf den Rücken drehen, während ihr Partner den Finger in ihrem Rektum läßt.

Liegt sie auf dem Rücken, sollte die Handfläche des Partners nach oben gerichtet sein, so daß der Daumen ganz von selbst auf die Vagina zu liegen kommt. In dieser Haltung stimuliert der Partner die Klitoris und die Vagina, während der Zeigefinger sich leicht im Rektum bewegt.

Auf diese Weise kann auch der Mann bis zum Orgasmus mastrubiert werden.

Wird dies oft genug praktiziert, läßt diese Übung eine Situation entstehen, in der Lust und anale Empfindung miteinander assoziiert werden, und möglicherweise kann die Frau soweit kommen, daß sie einen analen Orgasmus ohne Klitoris-Stimulierung nur durch die Intensität der Empfindung im Rektum erlebt.

Schon vor zweitausend Jahren war den tantrischen Autoren bekannt, daß es »eine Fingerlänge innerhalb des Mannes ein Organ gibt, das besondere Lust erzeugt und eine Hilfe bei der Erektion ist«. Dies ist die alte tantrische Konzeption der Prostatadrüse.

Damit diese bemerkenswert empfindsame Drüse in der rechten Weise stimuliert wird, sollte der Mann still auf dem Bauch liegen, wenn der Finger sich ganz im Rektum befindet. Die Frau führt ihren Finger so tief wie möglich sein, wobei die Handfläche nach unten weist. Das Innere des Rektums ist in dieser Tiefe glatt und fast hart. Die Prostatadrüse ist nicht ohne weiteres wahrnehmbar, außer insofern, als sie sich, wenn man sie erreicht, anders anfühlt als die übrigen rektalen Wände. Es wird hier kein besonderer Druck benötigt. Die Reizung allein genügt.

Die Stimulierung innerhalb des Rektums wird von vielen Männern als ausgesprochene Erektionshilfe betrachtet, zumal dann, wenn die Erektion Schwierigkeiten bereitet.

Und wenn die Erektion bereits zustande gekommen ist, bringt es beachtenswerten zusätzlichen Reiz und eine spürbare Steigerung der Lust.

Wie alles, was mit dem Anus als erogener Zone zu tun hat, wird auch der Gedanke an analen Verkehr von vielen Leuten spontan abgelehnt.

Viele medizinische Autoritäten warnen, daß das anale Eindringen zu Verletzungen führen kann, wenn die Muskeln dabei angerissen werden und vor allem, wenn der Partner Hämorrhoiden hat. Darum soll an dieser Stelle betont werden, daß analer Verkehr nicht empfohlen wird, weder vom Autor noch von den tantrischen Texten. Dieser Abschnitt vermittelt lediglich tantrische Vorschläge für den Fall, daß das Paar bereits beschlossen hat, den analen Verkehr zu vollziehen, oder ihn schon zuvor zu einem Teil der sexuellen Praxis gemacht hat.

Wenn der anale Verkehr vorgenommen wird, ist es unbedingt nötig, den Penis und das Rektum gleitfähig zu machen, um ein leichteres Eindringen zu ermöglichen. Es ist die für den Penis verhältnismäßig kleine Öffnung der analen Muskulatur, die Unbehagen erzeugt.

Also sollte man hier sanft und langsam vorgehen. Viele Tantriker pflegen den analen Verkehr und entwickeln die Fähigkeit, durch gleichzeitige Klitoris-Stimulierung eine Form des analen Orgasmus zu bewirken.

Ob das Paar dies versuchen will, ist eine rein persönliche Angelegenheit.

Menstruation

In den tantrischen Texten werden die Altweibergeschichten und Tabus hinsichtlich des Liebesspiels während der Menstruation als die Dummheit der Unwissenden abgetan.

Das »blutrote Zentrum« vieler tantrischer Ikonen ist ein Symbol für die Menstruation und bezieht sich auf eine Steigerung psychischer Energie, wenn der Verkehr während der Menstruation von einer verstärkten Libido begleitet, und die tantrischen Texte sagen, daß man die sexuelle Praxis währenddessen ohne Unterbrechung genießen sollte.

Und im besonderen legen sich die tantrischen Texte darauf fest, daß alle Wahrnehmungs-Rituale und das Kontroll-Ritual während der Menstruation wie zu jeder anderen Zeit ausgeführt werden sollten – ohne Unterbrechung.

Ebenso sollten die Paar-Rituale während der Menstruation nicht unterbrochen werden.

Und die verstärkte Libido sollte, wenn sie sich einstellt, während der Periode gleicherweise wie zu jeder anderen Zeit Befriedigung finden.

Kurz gesagt sollte es für den Tantriker kein Abgleiten in die alten Tabus geben.

Tantrisches Psi

Psi ist ein moderner Begriff, der gebraucht wird, um paranormale oder außersinnliche Erfahrungen zu etikettieren.

Die tantrischen Texte sind voll von Geschichten über den Gebrauch der tantrischen Kraft der Kanalisierung, um die Fähigkeit des Tantrikers auf diesem Gebiet zu steigern.

Sie erzählen von tantrischen Meistern, die durch Gedankenübertragung (Telepathie), bei der bestimmte Traumgestaltungen im Geist der anderen Person entstehen, Kontrolle über andere ausüben. Das ganze Feld des hinduistischen *Vashikarana*, der »Kontrolle des Willens und der Gedanken eines anderen«, wurde aus tantrischen Studien entwickelt, wobei das grundlegende Kanalisierungs-Ritual benützt wird und mit seiner Hilfe paranormale Bereiche erreicht werden.

Viele Fakire Indiens benützen dasselbe Yantra-Vorstellungsbild, um die normalerweise unwillkürlich funktionierenden Organe ihres Körpers, wie auch den Schmerz, unter Kontrolle zu bringen und ihre Konzentration zu Ebenen hinaufzuentwickeln, von denen die meisten Leute glauben, daß sie unerreichbar seien.

Durch die geistige Kanalisierung ihrer Energien waren laut den Texten tantrische Meister fähig, einander zum Orgasmus zu bringen, wenn sie physisch voneinander getrennt waren.

Die Texte erzählen auch von Meistern, die »durch die Macht von Mantra und Yantra Energieebenen von solcher Stärke erreichten, daß sie ihre Essenz über Berge und Meere zu irgendeinem Ort aussenden konnten, an dem sie zu sein wünschten«. Dies ist natürlich jenes Phänomen, das man die »Astrale Projektion der außerkörperlichen Erfahrung« nennt.

Es würde ein weiteres Buch nötig sein, wollte man alle Facetten des Gebrauchs der tantrischen Energie als Mittel zu paranormaler Erfahrung untersuchen.

Dies ist eine Sache, mit der ich zur Zeit experimentiere und über die ich eine ausgedehnte Forschungsarbeit durchführe. Ich bin überzeugt, daß die Verbindung zwischen tantrischer Kraft und paranormaler Psi-Erfahrung tatsächlich existiert.

Tantrisches Yoga

Der tantrische Yoga läßt sich am besten als eine mehr sexuell orientierte Form des Hatha-Yoga beschreiben.

Tantrischer Yoga ist eine körperliche Disziplin, die verschiedene sexuelle Stellungen umfaßt. Seine Philosophie basiert weitgehend auf den tantrischen Lehren.

Viele Gurus, die den sogenannten tantrischen Yoga lehren, sind in Wirklichkeit Asketen, die vielmehr die starren Disziplinen des Hatha-Yoga mit zusätzlichen sexuellen Stellungsübungen lehren.

Sie beharren auf dem meditativen Aspekt des Hatha-Yoga und auf der Trennung von Körper und Geist. Solche Lehrer lehren nichts Tantrisches im eigentlichen Sinn.

Andererseits habe ich einige Gruppen gefunden (die im allgemeinen formlos organisiert waren), die Tantra-Yoga lernen und ihre Interpretation der tantrischen Rituale und Lehren dabei *mit einbeziehen*. Sie lehren *keine* asketischen Disziplinen. Vielmehr sind sie weit von den Hatha-Doktrinen entfernt. Sie nahmen den grundlegenden Yoga, klammerten die asketische Philosophie aus und begannen statt dessen mit der Suche nach der Einheit von Körper und Geist, wie sie mit der vom reinen Tantra gewährleisteten Freiheit gelehrt wird.

In den tantrischen Texten gibt es gewisse körperliche Übungen, die den *wirklichen* Tantra-Yoga darstellen, wenn man Yoga als eine körperlich orientierte Disziplin und als nichts anderes betrachtet. Die kontemplative Haltung, wie sie in den Ritualen beschrieben ist, und die Stellung, die in den Allein-Ritualen eingenommen wird, können ohne weiteres als Yoga-Stellungen bezeichnet werden.

Zum Beispiel findet sich in den tantrischen Texten folgende Yoga-artige Übung:

Der Zweck dieser Übung besteht darin, eine neue Empfindung der sexuellen Stimulierung und des Orgasmus zu erschließen. Alle Tantriker, so sagen die Texte, können davon profitieren, wenn sie sich allwöchentlich wenigstens eine halbe Stunde auf den Kopf stellen. Bei dieser besonderen sexuellen Übung steht die Frau mit der Hilfe des Mannes auf dem Kopf, vorzugsweise von einer Wand gestützt, wobei ihre Schultern und ihr Gesäß die Wand berühren und die Beine nach oben ausgestreckt sind. Sie bleibt einige Minuten in dieser Haltung, und der Mann hilft ihr, wenn sie den Kopfstand nicht gewöhnt ist.

Der Mann massiert ihre Brüste, während sie sich in dieser Haltung befindet; dann nimmt er ihre Beine auseinander und stimuliert das Perinäum, die Schamlippen und die Klitoris. Wird die Frau erregt, so kann der Mann entweder die Frau bis zum Orgasmus masturbieren, oder sie oral stimulieren und sie mit

Cunnilingus zum Orgasmus bringen. Es geht darum, daß der Orgasmus in dieser Haltung erreicht wird, um der tantrischen Erfahrung einen weiteren Aspekt hinzuzufügen.

Der Mann sollte ebenfalls versuchen, auf dem Kopf zu stehen und manuell oder oral zum Orgasmus gebracht werden.

Das wird eine »Dimension der Empfindung hinzufügen, von welcher der Tantriker nie zuvor geträumt hat«.

Diese Übung kann man als tantrischen Yoga bezeichnen.

Der Unterschied liegt in Wirklichkeit nicht darin, welche Haltung eingenommen wird, sondern vielmehr in der zugrunde liegenden Lehre, mit der sie verbunden wird.

Ich habe in diesem Buch versucht, nur die Rituale vorzustellen, die mit der echten tantrischen sexuellen Praxis und tantrischer Zielsetzung zu tun haben.

Verhütung

Da die grundlegenden tantrischen Lehren so konzipiert sind, daß sie die sexuelle Reaktion und den Genuß steigern, wird der Gebrauch von verhütenden Methoden empfohlen. Sexuelle Lust und Energie haben einen tantrischen Zweck und sollen nur dann zur Zeugung führen, wenn es gewünscht wird. Die Lehren schließen verschiedene spezielle Übungen mit ein, die vom Kontroll-Ritual ausgehen und als Verhütungsmethoden angewandt werden. Darunter befindet sich auch das angepriesene System, daß der Mann seinen Samen bei der Ejakulation in die Blase leitet, anstatt ihn auf normalem Wege durch die Harnröhre fließen zu lassen. Allerdings kann dies über längere Zeitdauer hin zu gefährlichen Nebenwirkungen führen. Aus diesem Grund wird diese Methode hier ausgeklammert.

Außerdem gibt es im tantrischen Yoga eine Reihe von sexuellen Yoga-Stellungen, die dazu dienen, die Wahrscheinlichkeit der Empfängnis herabzusetzen. Aber sie sind alles andere als narrensicher und gehören eher in ein Buch über tantrisches Yoga als hierher.

Interpretiert man es im Licht moderner medizinischer und psychologischer Erkenntnisse, so billigen die tantrischen Lehren den Gebrauch aller Arten von Verhütungsmitteln, seien es die Pille oder mechanische Mittel, wie etwa das Pessar oder das Kondom.

Wenn ein mechanisches Verhütungsmittel benützt wird, sollte es zu einem Teil des Rituals gemacht werden.

Das Überziehen des Kondoms über den Penis durch die Partnerin des Mannes kann ein sehr erotischer Teil des sexuellen Rituals sein. Dasselbe gilt für das Einlegen des Pessars in die Vagina oder das Einführen von Verhütungscremes oder -kapseln. Die Einstellung des Paares zur Verhütung sollte ein Teil der Kommunikation über seine sexuelle Beziehung sein; denn die Kommunikation wird vom Tantra besonders nachdrücklich empfohlen.

Das Setting für die sexuelle Begegnung

Obwohl das Bett der *beste* Ort für sexuelle Begegnungen sein mag, sollte es nicht der *einzige* Ort sein. Mann und Frau empfangen ihre primäre Stimulierung voneinander und von der Quelle jeglicher Erregung, dem Geist. Verschiedene Dinge für das Auge, Klänge, Gewebe und Gerüche können viel zur Atmosphäre der Erregung beitragen, indem sie ein idyllisches Setting für die Liebe schaffen.

So wie die natürlichen Düfte des menschlichen Körpers das sexuelle Verlangen anregen, so kann dies auch durch den Geruch des Meeres oder den Klang der Wellen an einem Strand geschehen; durch die Bewegung, die man in einem Zug oder in einem Flugzeug spürt; durch den verbotenen Aspekt einer bestimmten Situation, wie etwa im Auto-Kino oder im Wald.

Das Tantra anerkennt, daß die Umgebung eine Steigerung der Sexualität bewirken kann, und deshalb billigt es den Gedanken, daß das sexuelle Vorspiel oder das gesamte sexuelle Ritual bis zum Orgasmus an jedem Ort vollzogen wird, den das Paar wählt.

Innerhalb unserer eigenen Wohnung können wir, wie das Tantra uns erinnert, viele verschiedene Settings finden: auf Kissen auf dem Fußboden; auf einer besonders bevorzugten Couch oder einem Sessel, auf der Terrasse, neben oder in einem Swimmingpool; unter der Dusche oder im Bad. Es liegt ganz am persönlichen Geschmack des Paares, *wo* und *wann* die sexuelle Begegnung stattfindet. Es wird dem Paar empfohlen, es so oft wie möglich zu arrangieren, daß die sexuelle Begegnung an einem *anderen* Platz stattfindet als in der gewohnten Umgebung.

Chakrapuja: Die tantrische Orgie

Dies ist ein sehr alter, fest organisierter tantrischer Ritus, der von einer unterschiedlichen Anzahl von Tantrikern vollzogen wird, die sich dem Genuß der fünf in den oberen Kasten der indischen Gesellschaft verbotenen Dinge hingeben: Fleisch, Alkohol, Fisch, bestimmte Getreide und völlige sexuelle Unabhängigkeit.

Der sexuelle Aspekt des Chakrapuja wird noch heute in einigen formlosen tantrischen Gruppe praktiziert.

Sexuelle Begegnungen werden zwischen allen, die an den Riten teilnehmen, empfohlen, und diese Begegnungen werden im allgemeinen von einem anerkannten tantrischen Meister »kontrolliert«, der die Aktivitäten einiger Gruppenmitglieder anleitet. Die Anzahl der Teilnehmer ist nicht begrenzt. Sie vollziehen das Ritual entweder gemäß den Anweisungen, oder sie stellen für ihre Zuschauer ihre Meisterschaft in bestimmten tantrischen Leistungen dar.

Sie wechseln einander ab, und andere haben ihren »Auftritt«.

Durch die Kontrolle über die Aktivitäten erfolgt bei den Zuschauern eine Steigerung der sexuellen Energie und eine Regeneration der Erregung bei denjenigen, die bereits zum Orgasmus gekommen waren und jetzt ihrerseits Zuschauer sind.

Irgendeiner der anwesenden Tantriker kann darum bitten, mit einem oder mehreren der Anwesenden einen Akt zu vollziehen. Und der tantrische Meister stimmt zu, wenn die Ausgewählten einverstanden sind.

Nur in gewissem Sinn ist es eine Orgie, doch steht sie unter

Kontrolle und ist ritualisiert, was für die meisten »Catch-as-catch-can«-Orgien nicht zutrifft. Die tantrischen Lehren befassen sich ausführlich mit dem Chakrapuja, aber die Teilnahme daran ist nicht vorgeschrieben. Viele Tantriker ziehen die Allein-Rituale oder sexuellen Aktivitäten mit einem festen Partner oder mit jeweils nur einem wechselnden Partner vor.

Doch ist diese Idee des »Gruppensex« als eine zusätzliche Dimension des sexuellen Ausdrucks und der Anregung sexueller Energie recht üblich.

Bei einem Chakrapuja, an dem ich teilnahm, fanden die meisten Aktivitäten in Dreiergruppen statt, aber zeitweise waren auch bis zu sechs Personen am sexuellen Akt beteiligt.

Das Beeindruckendste an diesem Abend war wohl die zeremonielle Atmosphäre, von der jegliche Aktivität durchdrungen war. In allem, was geschah, war die tantrische Kontrolle zu spüren.

In den Dreiergruppen war die Situation so, daß je zwei Personen einer dritten die Lust vermittelten, und dieser Vorgang »kreiste« dann. Dieselbe Haltung der Kontrolle blieb auch aufrechterhalten, wenn sechs Personen beteiligt waren.

Es ist offensichtlich, daß solche Gruppenerfahrungen dazu führen, daß sexuelle Hemmungen überwunden werden.

Ob der Tantriker daran teilnehmen will oder nicht, bleibt seiner persönlichen Entscheidung überlassen.

Das Studium des Tantra

Dieses Buch wurde in der Absicht geschrieben, eine moderne Interpretation der Ziele und Methoden der tantrischen Sexualität vorzulegen, die von der Mystik, den Legenden, der Geschichte und den esoterischen Doktrinen des Tantra befreit ist.

Aber es mag vielleicht Leser geben, die gerne das vollständige Tantra studieren möchten.

Es gibt viele gute Bücher, die sich mit den Lehren des Tantra befassen, und man kann auch Übersetzungen der tantrischen Texte selbst finden. Gewisse hinduistische (Yoga-) und buddhistische Philosophien beinhalten ebenfalls tantrische Ideen.

Grundsätzlich beruht die tantrische Lehre auf einer Vision von der kosmischen Sexualität – des ununterbrochenen Prozesses der Vereinigung und Schöpfung, der das Universum selbst ist, und auch alles, was jenseits davon liegt. Sie ist keine Religion, sondern eine »Art und Weise, das Selbst zu verstehen und durch das Selbst die Welt und das Universum«. Nach der tantrischen Lehre liegt das Unglück von Mann und Frau im Mangel an Verständnis ihrer selbst, und die Bestrebung geht dahin, sie mit Hilfe von Ritualen des sexuellen Aktes zurück zu ihrem eigenen Ursprung zu führen.

Durch ein Labyrinth von symbolischen Gedankenmustern führt das Tantra jeden Menschen zurück zur Identität seiner eigenen Essenz, wie sie in der Dämmerung der Schöpfung selbst gewesen ist. Das Tantra lehrt, daß Mann und Frau, die im Grunde eins sind, sich ihrer Ängste und der Fesseln aller von der Gesellschaft auferlegten Konventionen entledigen und ihre eigene unabhängige Einstellung finden müssen, mit der sie lieben können. Um dies zu ermöglichen, ziehen die Tantriker alle Energie ihres Geistes, ihrer Gefühle und ihres Körpers zusammen, und zwar in ihrem allgemeinverbindlichsten Knotenpunkt, der Sexualität. Und mit der Sexualität als Transportmittel können Mann und Frau zur wahren Erleuchtung gelangen.

Wir lernen, indem wir wiederholen; indem wir die Abläufe wiederholen und sie sorgfältig zum Ritual umgestalten, können wir uns selbst, unser Leben und unsere Freude an beidem drastisch verändern.

Das Studium des Tantra führt den Leser durch seine eigene Genesis der Welt-Schöpfung; zu einer vollkommen anderen Konzeption von der Zeit und dem Raum, den der Mensch besetzt hat; und zu seiner zutiefst symbolischen Anschauung über die Welt und über Mann und Frau.

Die ununterbrochene Erneuerung der Zeit, der Welt und des Menschen steht im Zentrum der Symbolik. Die Reise zur Erleuchtung ist genau bezeichnet, und sie kann bis zur Vollendung führen. Viele sind angekommen. Doch muß die Erleuchtung angestrebt und erlebt werden. Sie kommt nicht zu denen, die passiv warten, ungeachtet dessen, wie eifrig sie die Reisekarte studieren mögen. Das Tantra führt den Schüler zu immer weiterem Studium der Yantra-Bildgestaltungen und der symbolischen Ikonen, deren komplexeste und machtvollste das Shri-Yantra ist.

Im Zentrum des Shri-Yantra befindet sich der »Punkt der weiblichen Kraft«, jener Punkt, von dem aus das Universum erschaffen wurde. Die Ikone enthält nach oben weisende (männliche) und nach unten weisende (weibliche) Dreiecke, die sich in gegenseitiger Durchdringung zu weniger gewinkelten Zeichen ausgestalten, welche die festlegbaren Bereiche der Realität symbolisieren, die wir in dieser Welt kennen.

Diese festlegbaren Bereiche unserer Realität sind lediglich Verlängerungen unseres Geistes, der seinerseits wieder nur ein Teil der Essenz ist, aus der alles besteht.

Es wäre anmaßend, in einem Buch das ganze Wissen und die Gedanken fassen zu wollen, die in Tausenden von Bänden, die über das Tantra geschrieben wurden, enthalten sind.

Wir könnten an dieser Stelle von der sich selbst erschaffenden Yoni (Vulva) und von der Heiligung des Samens durch den Lingam (Penis) sprechen; von der Rolle der Kali, der schöpferischen Kraft als auch der zerstörerischen Kraft, die zerstören muß, um zu erschaffen; von Shiva als männlicher Energie und Shakti als weiblicher Energie; vom Feinkörper; von der Ebbe und Flut der psychischen Energie durch die Chakras des Körpers – und von Hunderten von anderen Ideen, die alle Teil des Tantra sind.

Das Erwähnen dieser wenigen Punkte läßt deutlich werden, daß das Studium des Tantra eine Sache für sich ist, die nicht in einem kleinen Abschnitt abgehandelt werden kann.

Wenn man jedoch Erfahrungen mit der tantrischen Sexualität macht, wird unweigerlich der Wunsch entstehen, mehr über die Lehre des Tantra zu erfahren.

Und je mehr man die Fülle der tantrischen Lehren erkennt, desto mehr wird sich das Leben ändern, denn dann wird man sein eigenes Wesen und seine Essenz verstehen.

Es scheint keinen »Ashram« als solchen allein für tantrische Studien zu geben. Aber es gibt einige Gruppen, in deren Studien auch viele tantrische Lehren mit einbezogen sind.

Vajrayana ist die extreme Form des tibetischen tantrischen Buddhismus. In den großen, allgemein orientierten buddhistischen Studiengruppen mag man kleine Gruppen von Tantra-Anhängern finden. Sie haben im allgemeinen formal lockere Treffen und müssen erst gesucht werden. Sie haben keinerlei Neigung zu Publicity und unternehmen keinen Versuch, jemanden zu bekehren. Sie glauben, daß diejenigen, die ernsthaft nach ihren Lehren suchen, sie auch finden werden.

Auch viele Hindugruppen beziehen tantrische Lehren mit ein. Doch muß man diese Gruppen gut unter die Lupe nehmen, da es diverse Hindu-(Yoga-)Gruppen gibt, deren Lehren asketischen Charakter haben und deshalb dem Tantra völlig *entgegengesetzt* sind. Für sie, wie für viele religiöse Gruppierungen, sind die Tantriker »outcasts« (von der Gesellschaft Ausgestoßene).

Nachdem Sie die Rituale in diesem Buch studiert haben, werden Sie, wie ich annehme, eines oder mehrere Bücher über die Lehren des Tantra lesen wollen. Wenn Sie dann nach einer Gruppe suchen, gehen Sie folgendermaßen vor:

Sie versuchen ein »Buddhistisches Zentrum« oder ein »Tantra-Yoga-Zentrum« oder ein Zentrum für religiöse und psychologische Studien ausfindig zu machen (die gibt es in den meisten Hauptstädten der Welt) und stellen sich als Tantriker vor, »der auf der Suche nach der wahren Bedeutung des Tantra nach Erleuchtung ist«.

Wenn es in den Zentren irgendwelche tantrisch orientierte Gruppen gibt, werden Sie an sie verwiesen und können nach dem, was Sie jetzt wissen, leicht feststellen, ob sie das sind, was Sie suchen. Wenn die Zentren asketisch ausgerichtet sind, wird das sicher nach einem kurzen Gespräch deutlich werden.

Sollten Sie keinen Zugang zu solchen Studienzentren finden, so rate ich, daß Sie sich so viele Bücher über Tantra wie möglich besorgen und mit dem Studium beginnen. Und besprechen Sie dann das, was Sie lesen, mit dem Partner und mit Freunden. Es sind nur zwei Menschen nötig, um den Kern einer Studiengruppe zu bilden. Andere, die Interesse haben, werden sich dazugesellen, und bald können Sie Ihr eigenes Zentrum für tantrische Studien einrichten, wo die Interpretation des Tantra und tantrische Sexualpraxis ein Brennpunkt des gemeinsamen Interesses sind und zur Erfüllung der gemeinsamen Zielsetzungen führen.

Schlußwort

Wahrnehmung. Kontrolle. Kanalisierung. Yantra-Imagination. Mantras. Dies sind die Grundbausteine der tantrischen Sexualität, und sie schaffen die Basis für gesteigerten Genuß der Sinnlichkeit und der Sexualität des Tantrikers – und für die Herrschaft über alle Facetten des Lebens.

Für den Tantriker, der dieses Buch liest und seine Rituale praktiziert, wird der Lohn bald offensichtlich sein.

Das Buch selbst ist als Führer, als Nachschlagwerk und für den täglichen Gebrauch gedacht, denn der tantrische Weg bedeutet tägliches Ritual.

»Mann oder Frau können ihre innere Kraft niemals erschöpfen, und ihre Fähigkeiten sind unbegrenzt; und ihre Freuden wachsen ohne Unterlaß.«

Literaturverzeichnis

Avalon, Arthur: *Tantra. A Translation from the Sanskrit*, London 1913.

Ayyar, A. S. P.: *Hitopadesa Stories and the Panchatantra,* Madras 1960.

Bendall, C.: »Tantrákhyána. A Collection of Indian Tales«, in *Journal of the Royal Asiatic Society*, Bd. 20, London 1888.

Dawa-Samdup, Kazi: *Shrichakrasmbhāra Tantra. The Buddhist Tantra,* London 1919.

Edgerton, Franklin: *The Panchatantra,* London 1965.

Garrett, John: *Tantra. The Legends of Tantra,* Bangalore 1865.

Hertel, Johannes: *Tantrakhyayika: The Tantra. Legends and Rituals*, Boston 1915 (Harvard Oriental Series, Bd. 14).

Mudaliyar, Tandavaraya: *Tantra. Panchatantram. Interpretation of Rituals,* Madras 1891.

Nath Dutt, Manmatha: *Mahānirvāna Tantram. Interpretation of Tantric Doctrine and Ritual,* Calcutta 1900.

Rice, Stanley: *Indian Fables and Stories from the Panchatantra,* London 1924.

Ryder, Arthur W.: *Panchatantra,* Chicago 1925.

Sadagopachariar, M. C.: *The Third Story of Tantra. A Study of Tantric Meaning,* Madras 1889.

Sasparasi, P. J.: *Tantra: Text and Teaching,* Calcutta 1901.

Snellgrove, D. L.: *Hevajra Tantra,* 2 Bde., London 1959.

Tantras. Recherches sur la symbolique et l'énergie de la parole dans certains textes tantriques, Paris 1963.

Winfred, S.: *Tamil. A Tantra Translation,* Madras 1873.

Im O. W. Barth Verlag erschien:

Mookerjee, Ajit/Khanna, Madhu: *Die Welt des Tantra in Bild und Deutung,* München 1978.

Bildlegenden der Farbtafeln

1 Collection Victor Lownes, London.
Photo: Blacker Calmann Cooper Ltd., London.

2 Archiv für Kunst und Geschichte, Berlin.

3 Victoria and Albert Museum, London.
Photo: Sally Chappell.

4 Collection Victor Lownes, London.
Photo: Blacker Calmann Cooper Ltd., London.

5 ohne Angabe

6 Archiv für Kunst und Geschichte, Berlin.

7 Collection Victor Lownes, London.
Photo: Blacker Calmann Cooper Ltd., London.

8 Collection Victor Lownes, London.
Photo: Blacker Calmann Cooper Ltd., London.